FEUCHTWANGEN
Ein Streifzug

Bettina Bauch

&

Eckhard Schmittner

Impressum

© 2018, Bettina Bauch & Eckhard Schmittner

Titel: Feuchtwangen Ein Streifzug

Alle Rechte vorbehalten.

Coverbild: Bettina Bauch

Covergestaltung: Eckhard Schmittner

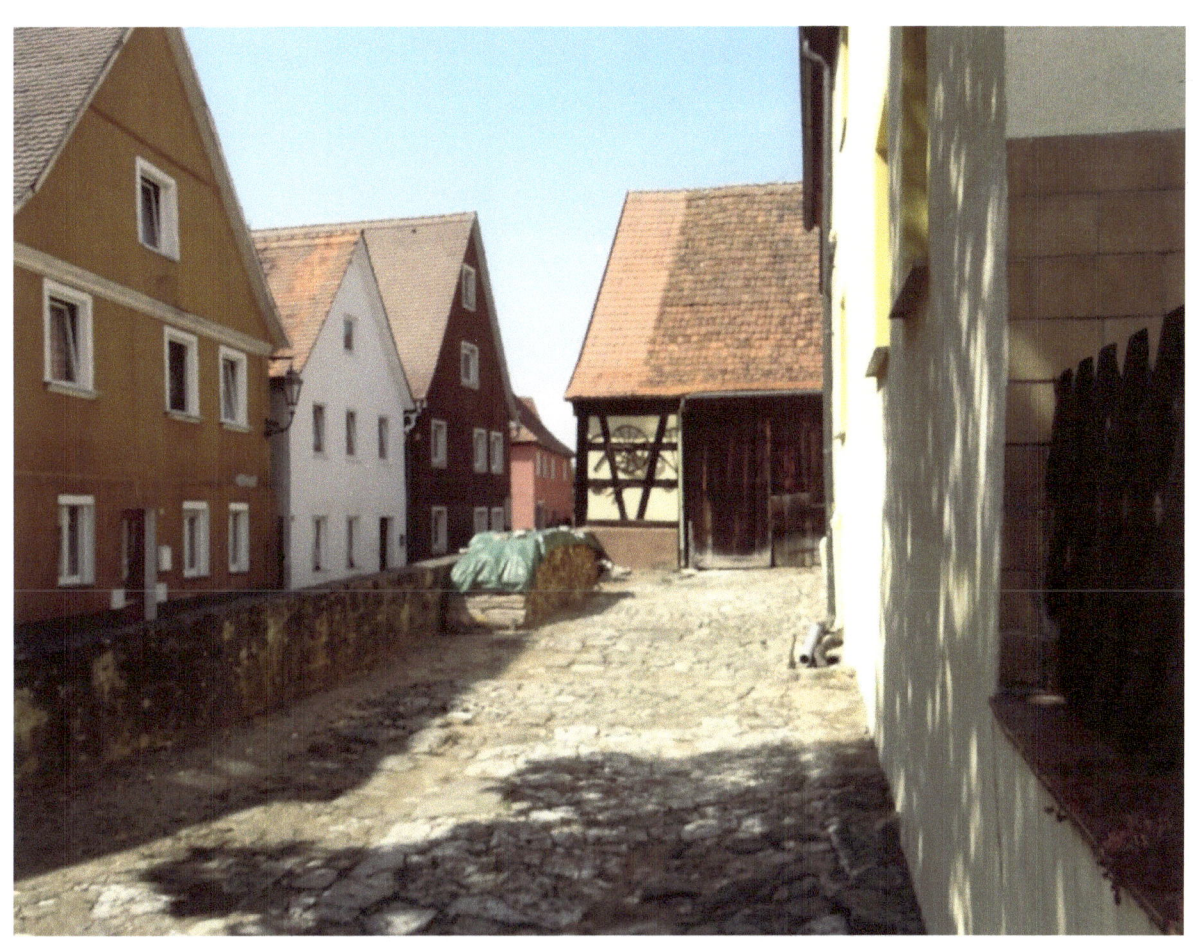
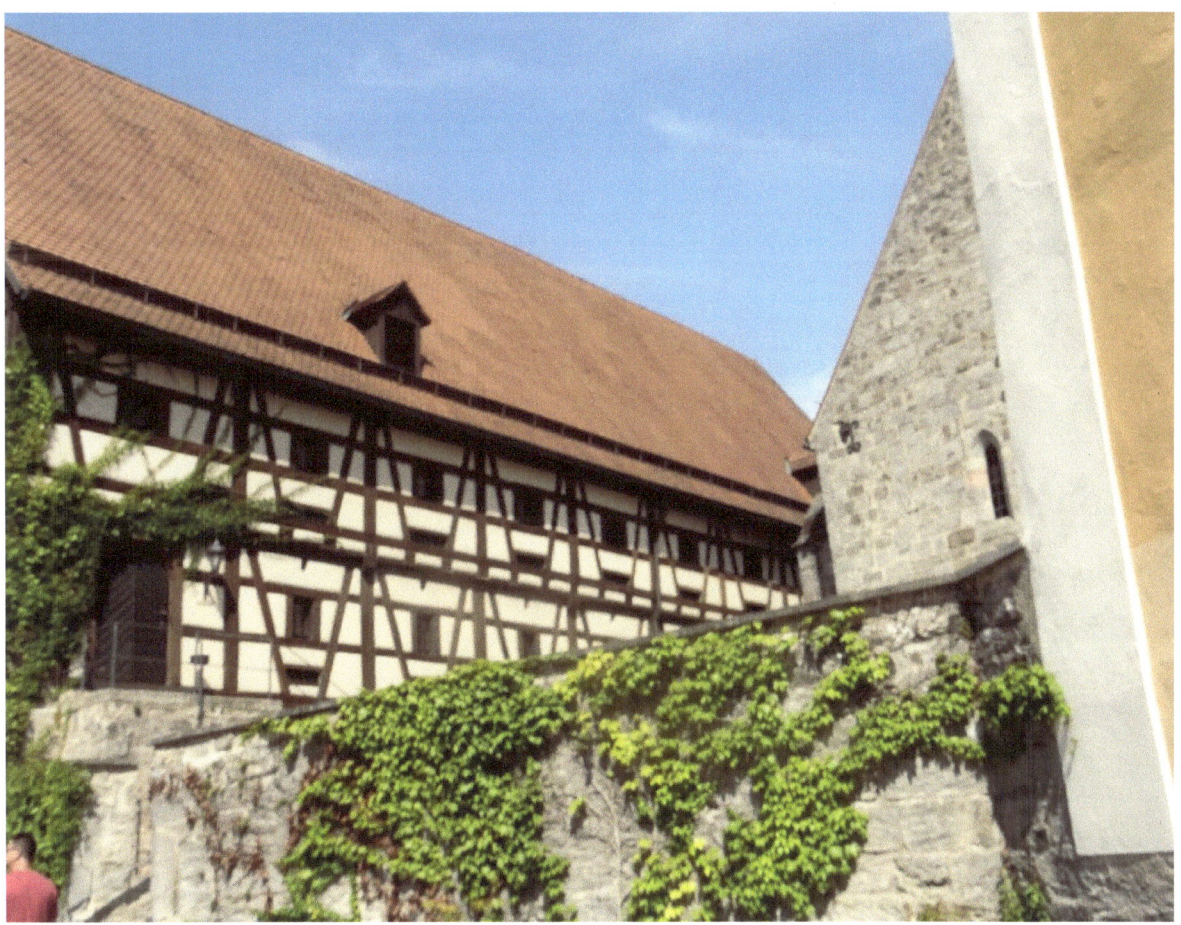

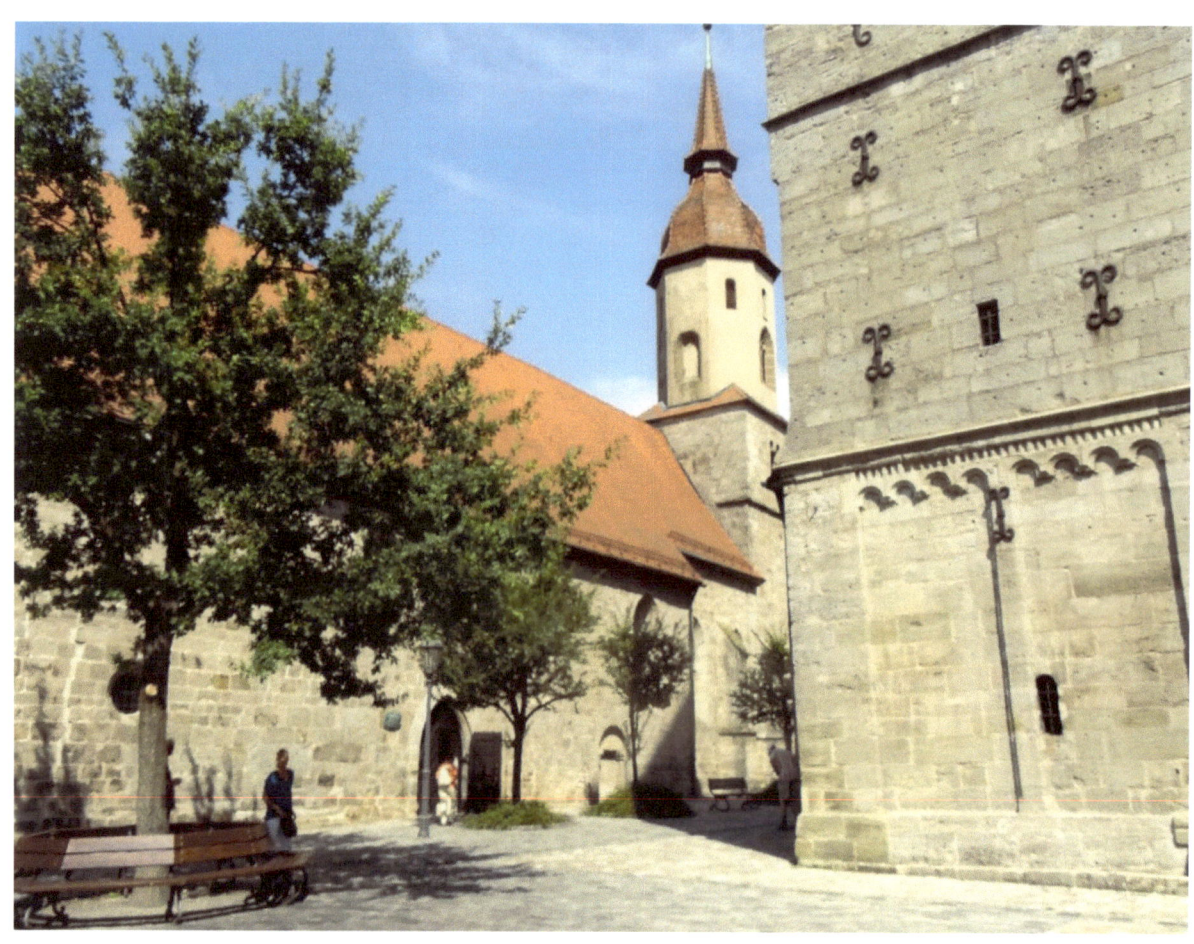

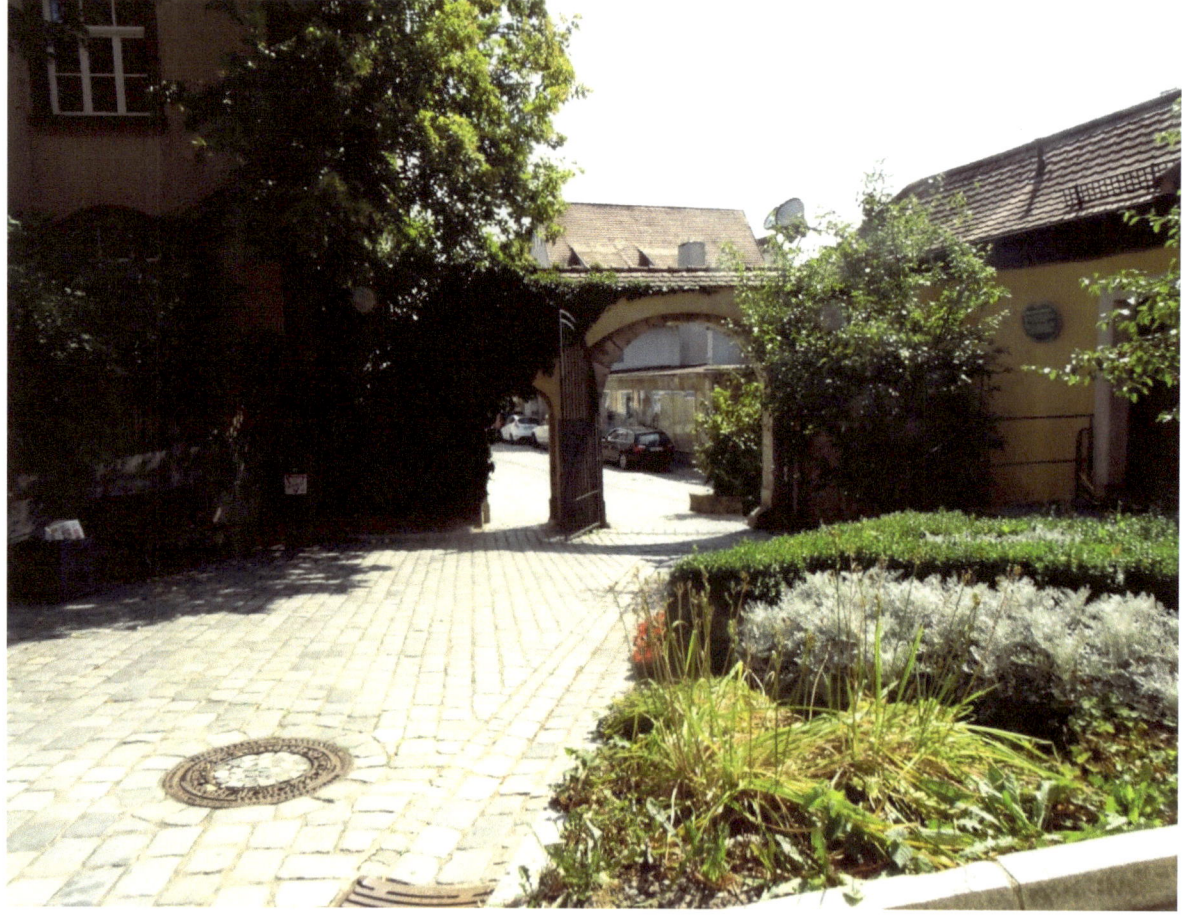

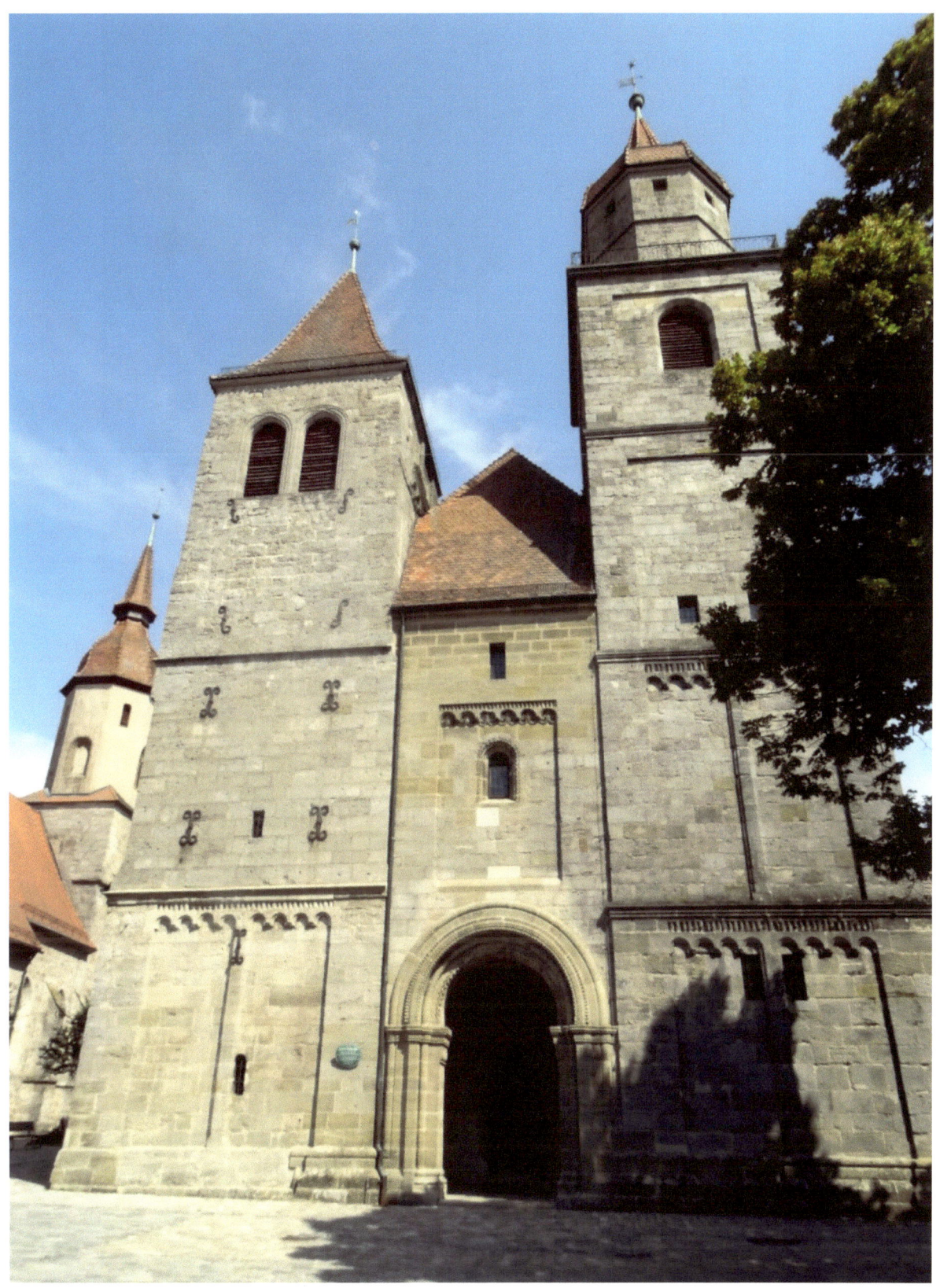

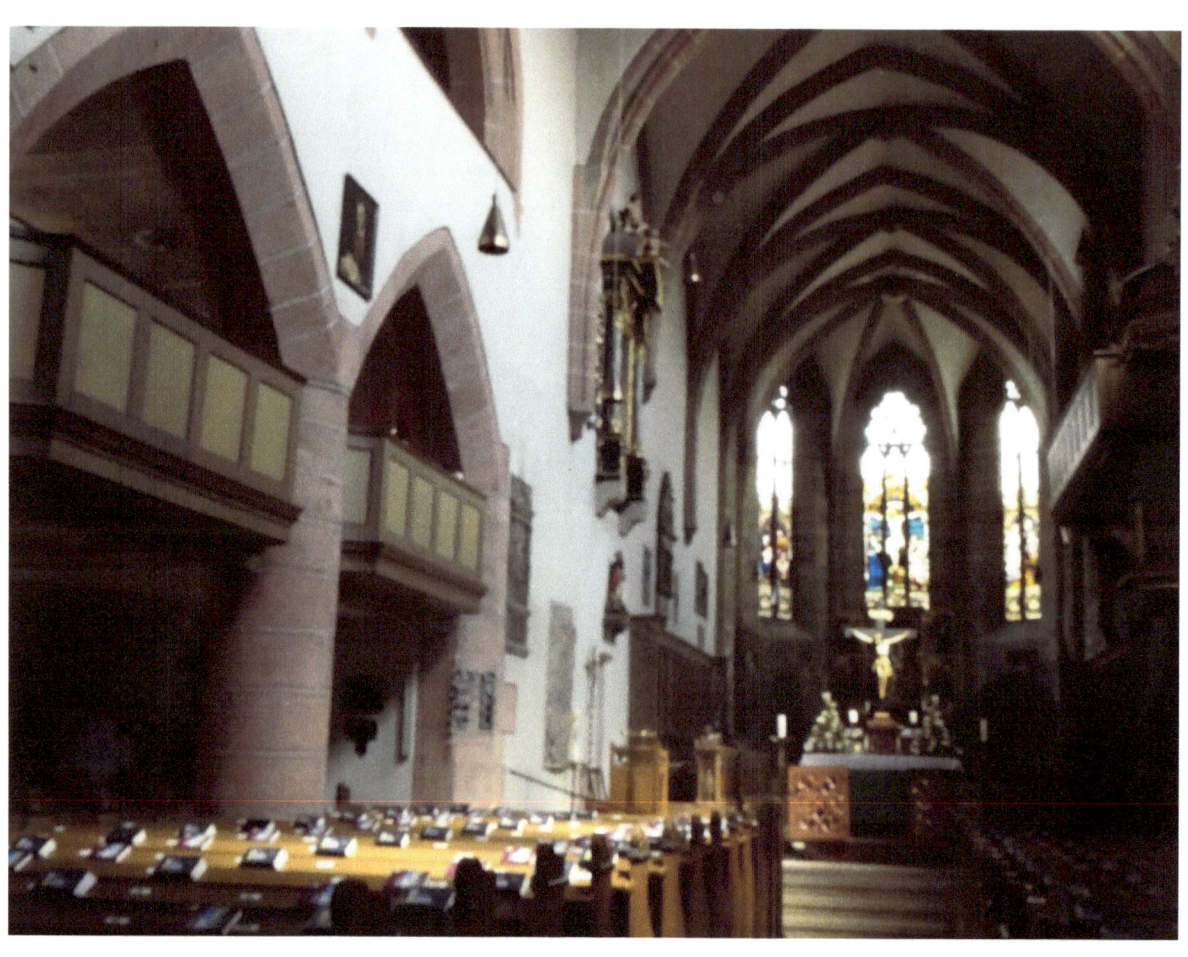
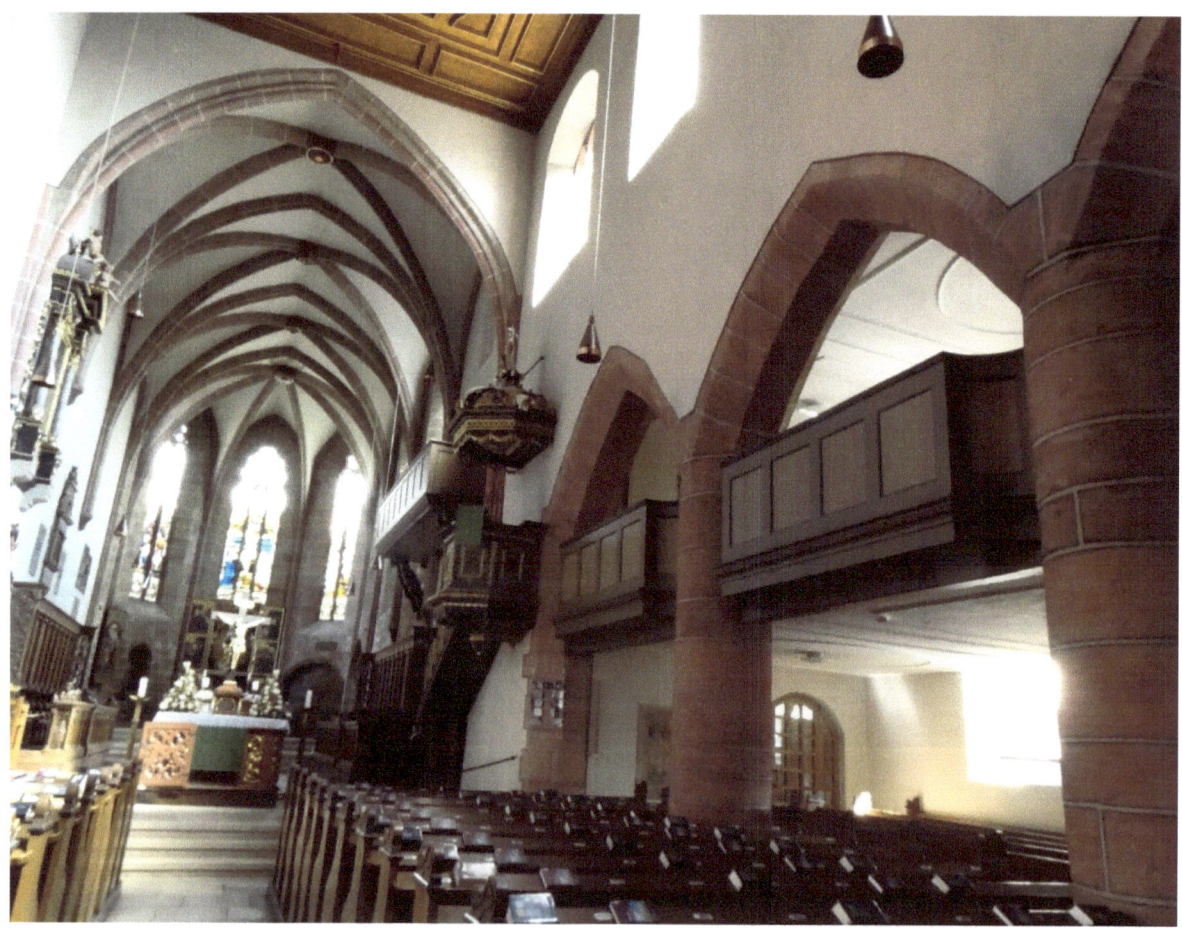

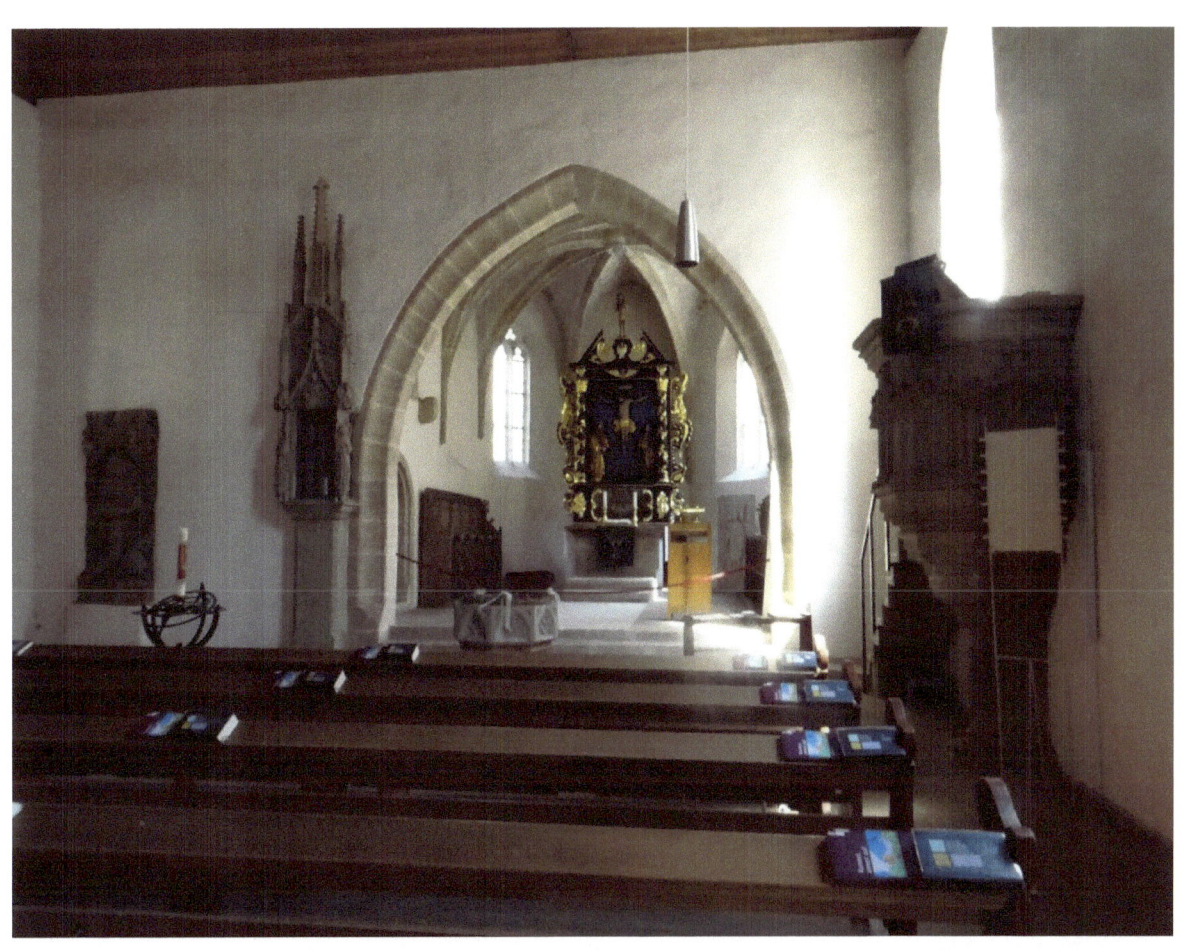
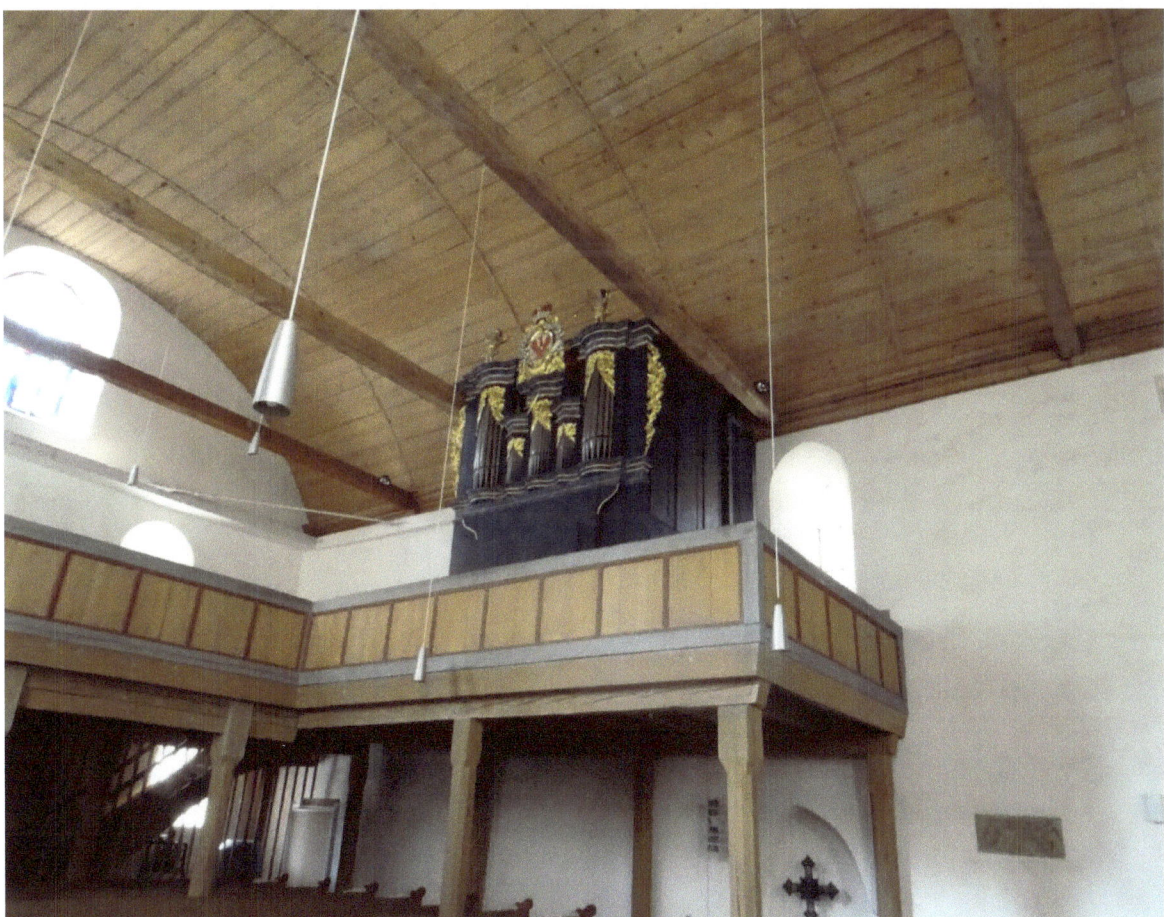

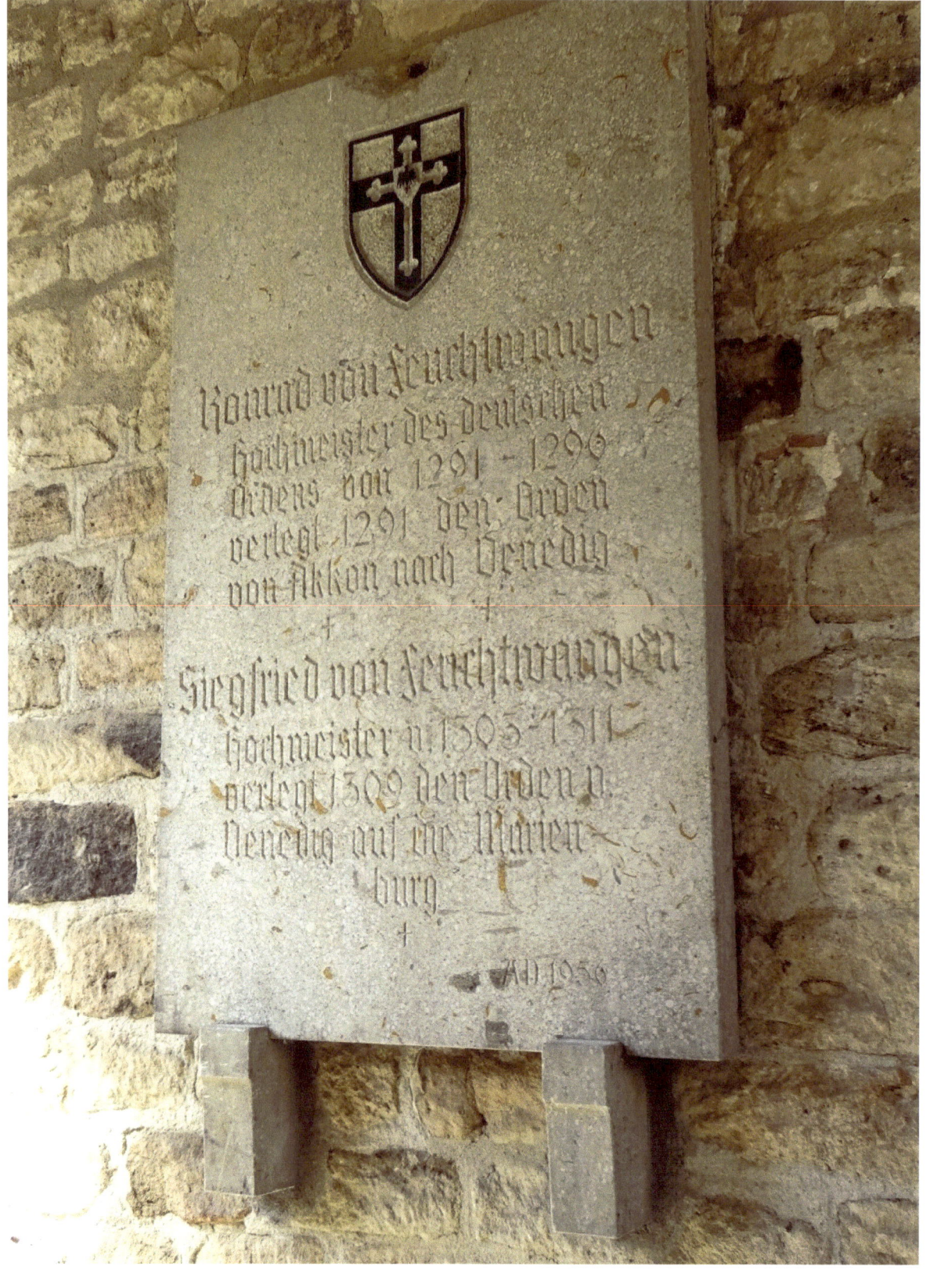

Konrad von Feuchtwangen
Hochmeister des deutschen
Ordens von 1291 – 1296
verlegt 1291 den Orden
von Akkon nach Venedig
†

Siegfried von Feuchtwangen
Hochmeister v. 1303 – 1311
verlegt 1309 den Orden v.
Venedig auf die Marien-
burg
†

AD 1959

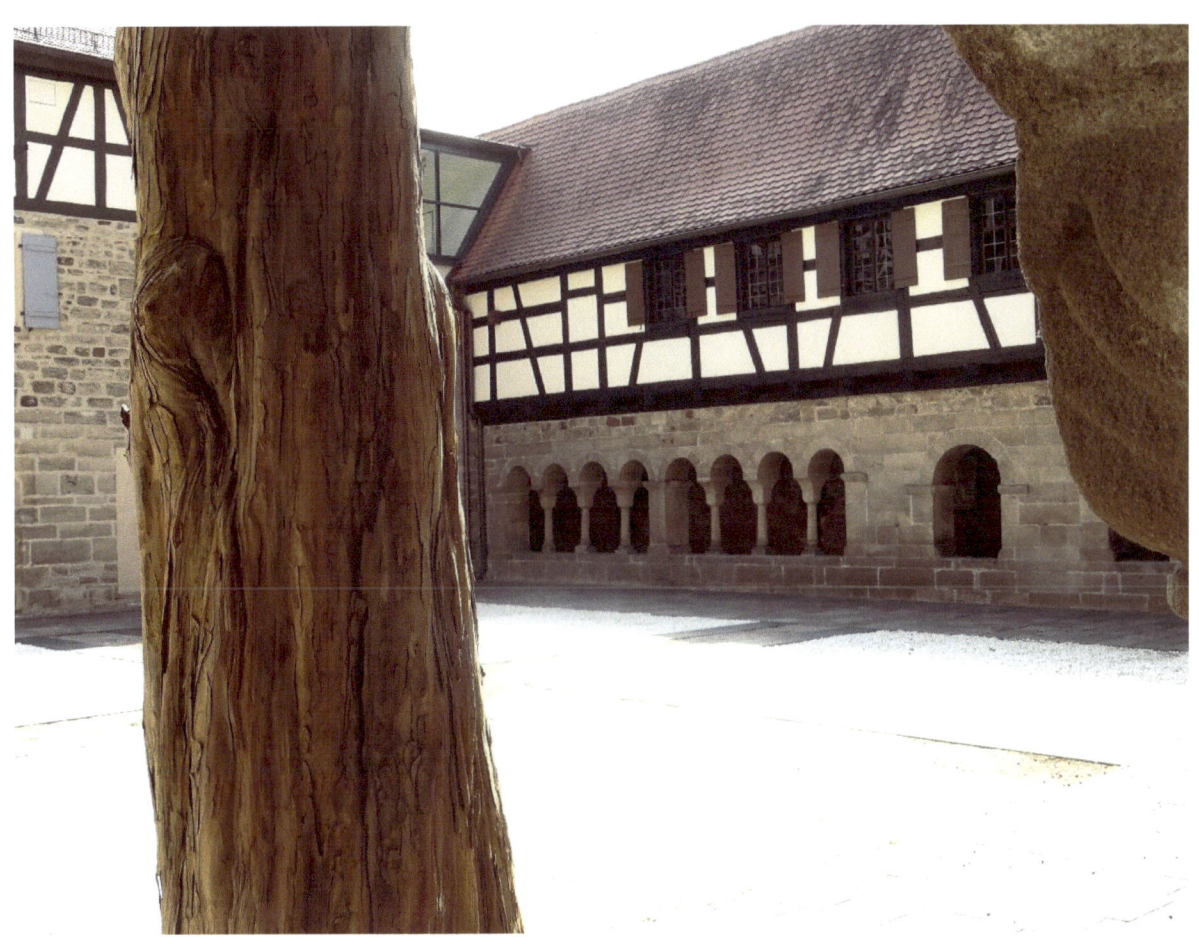
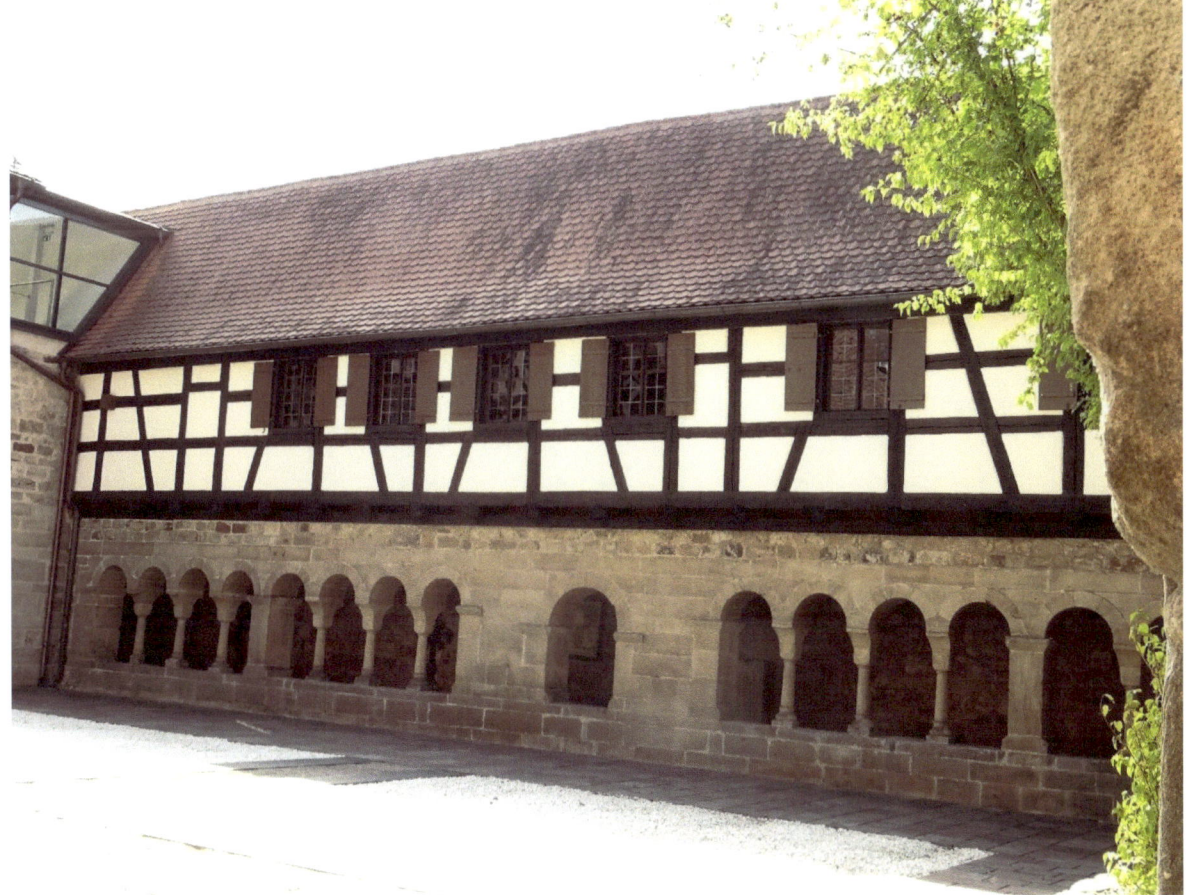

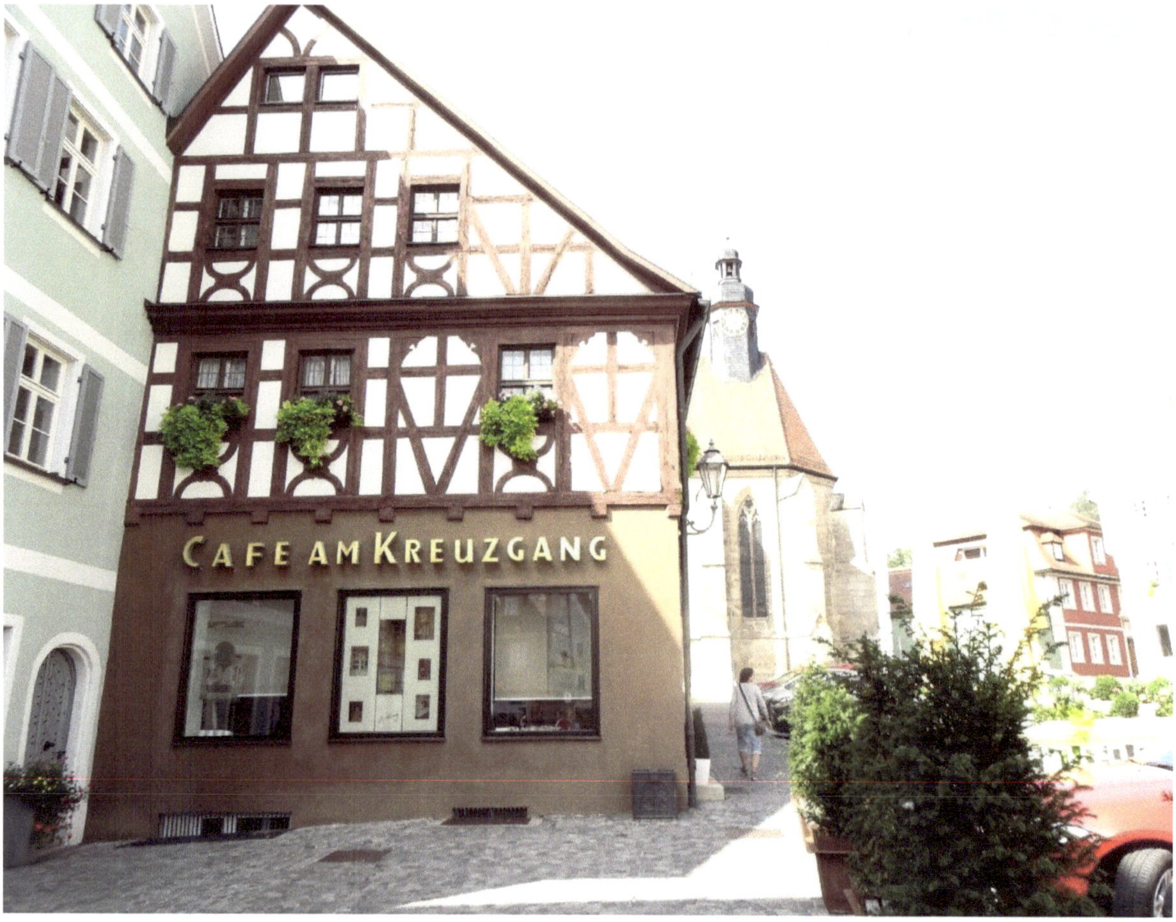

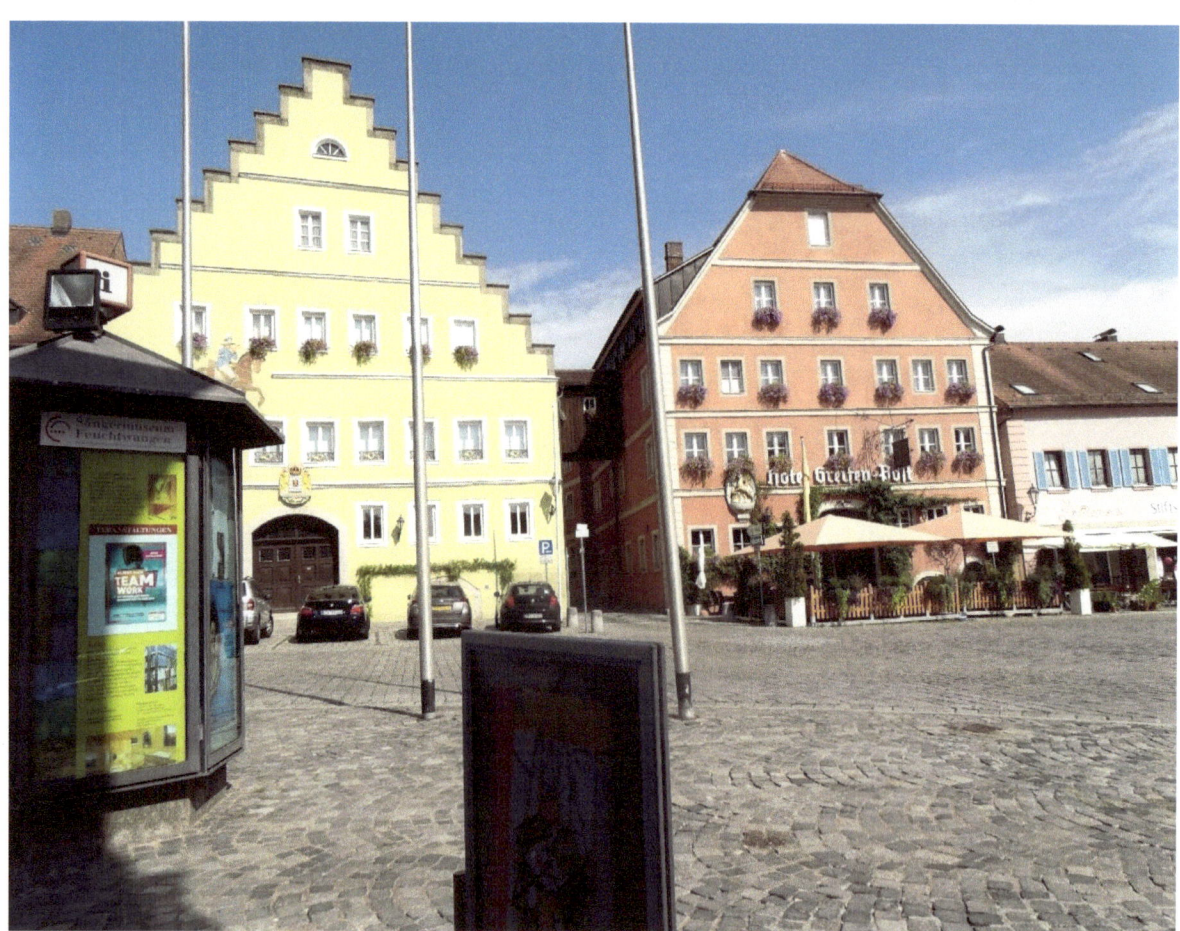

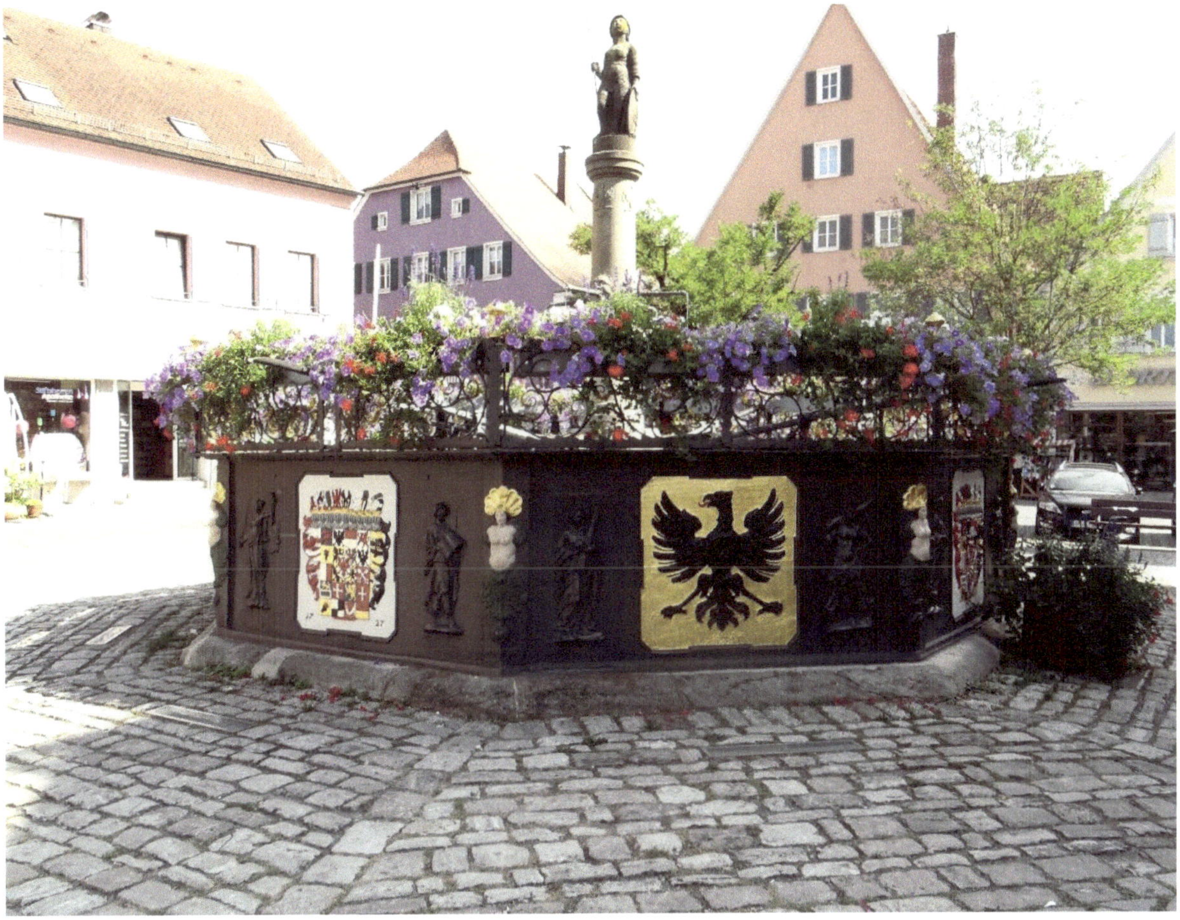

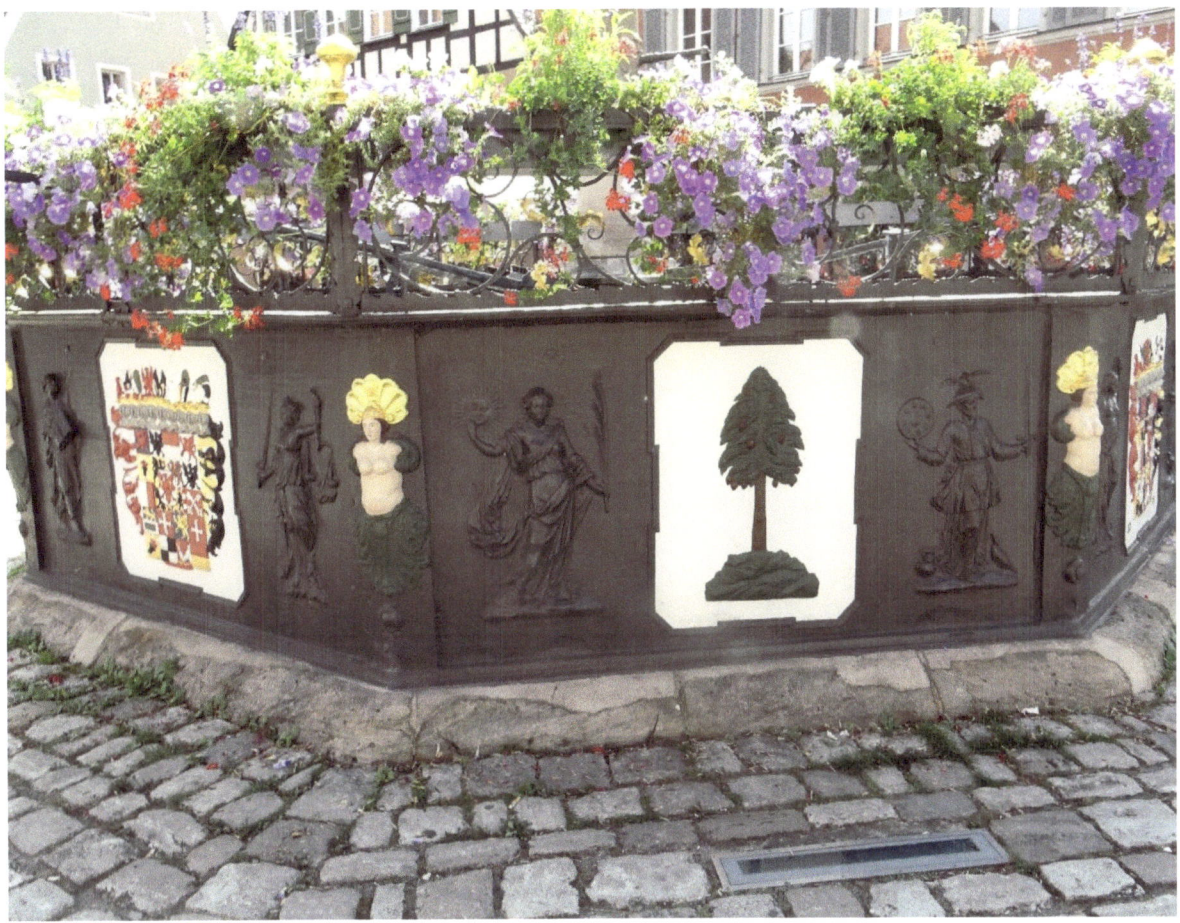

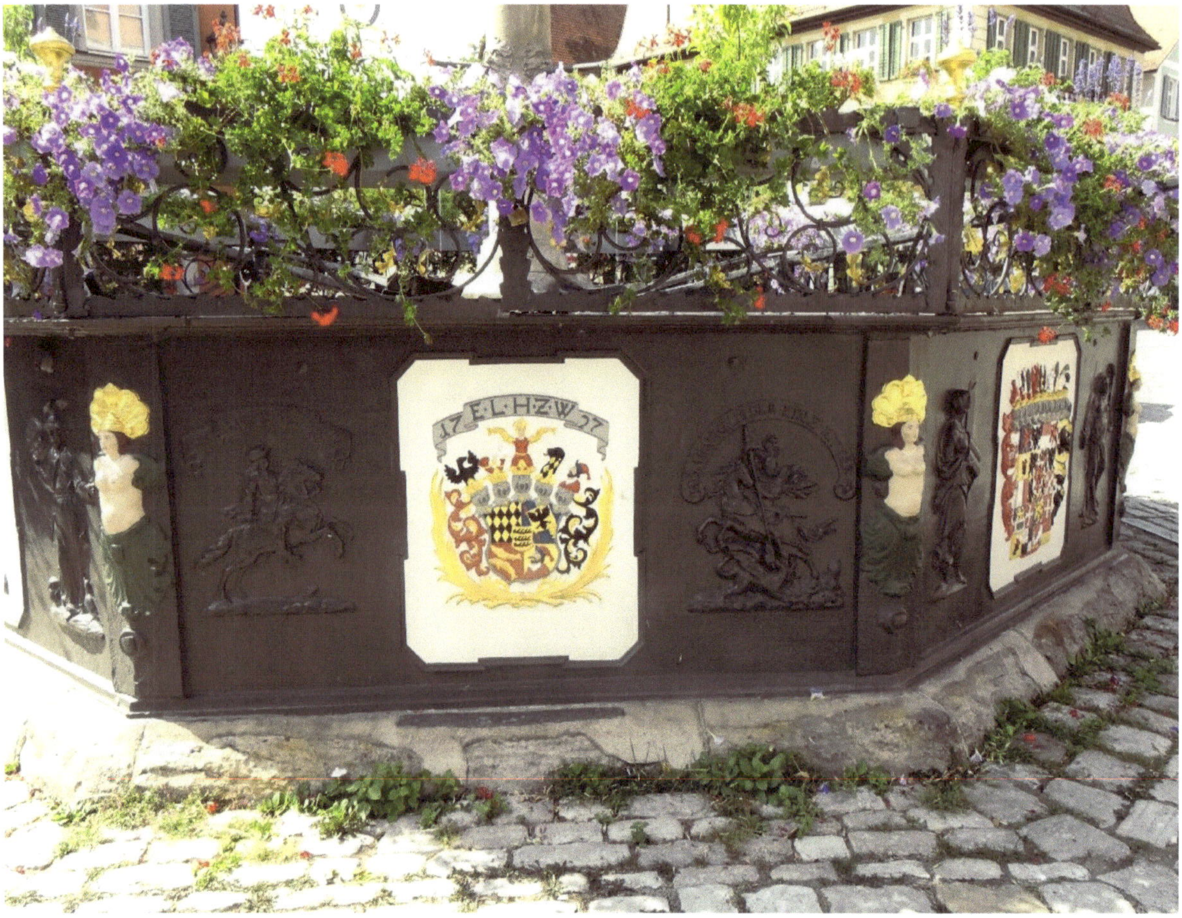

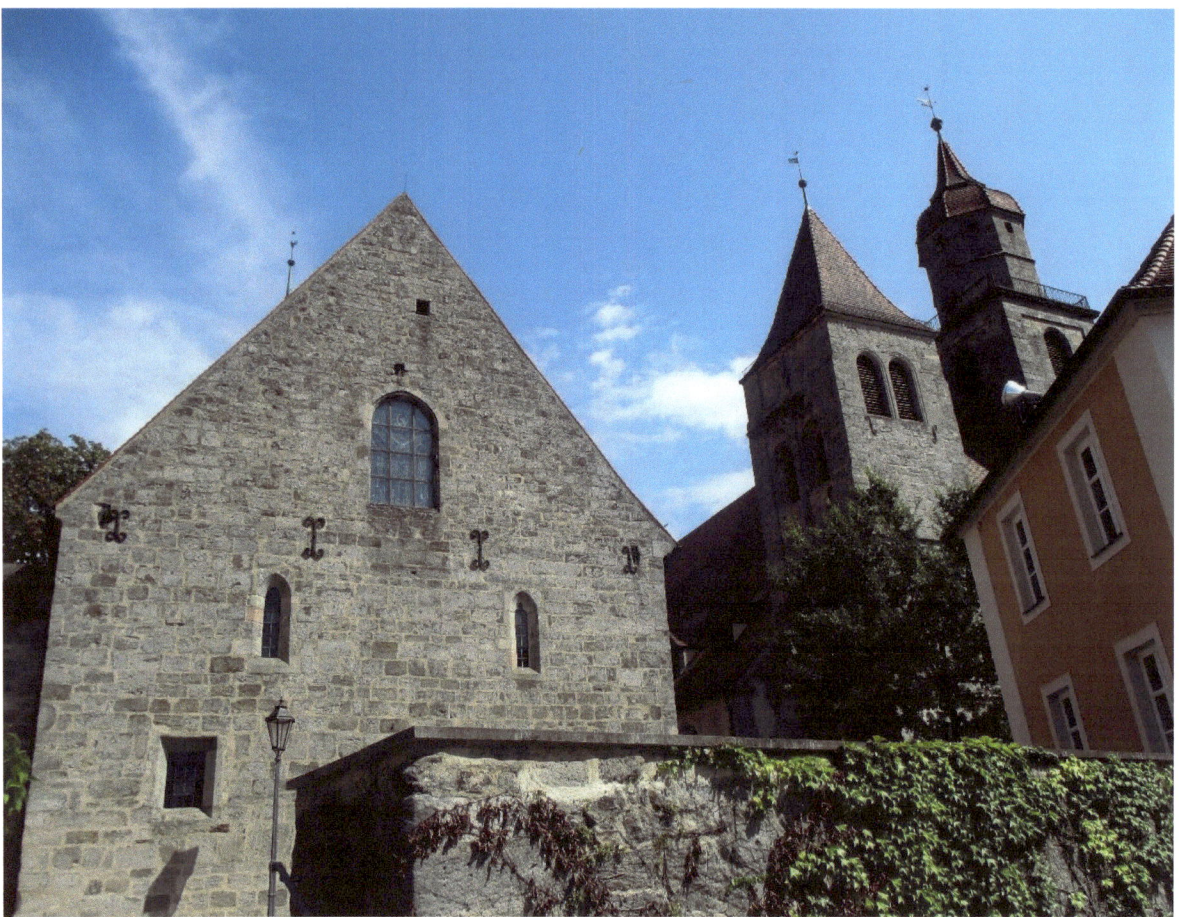

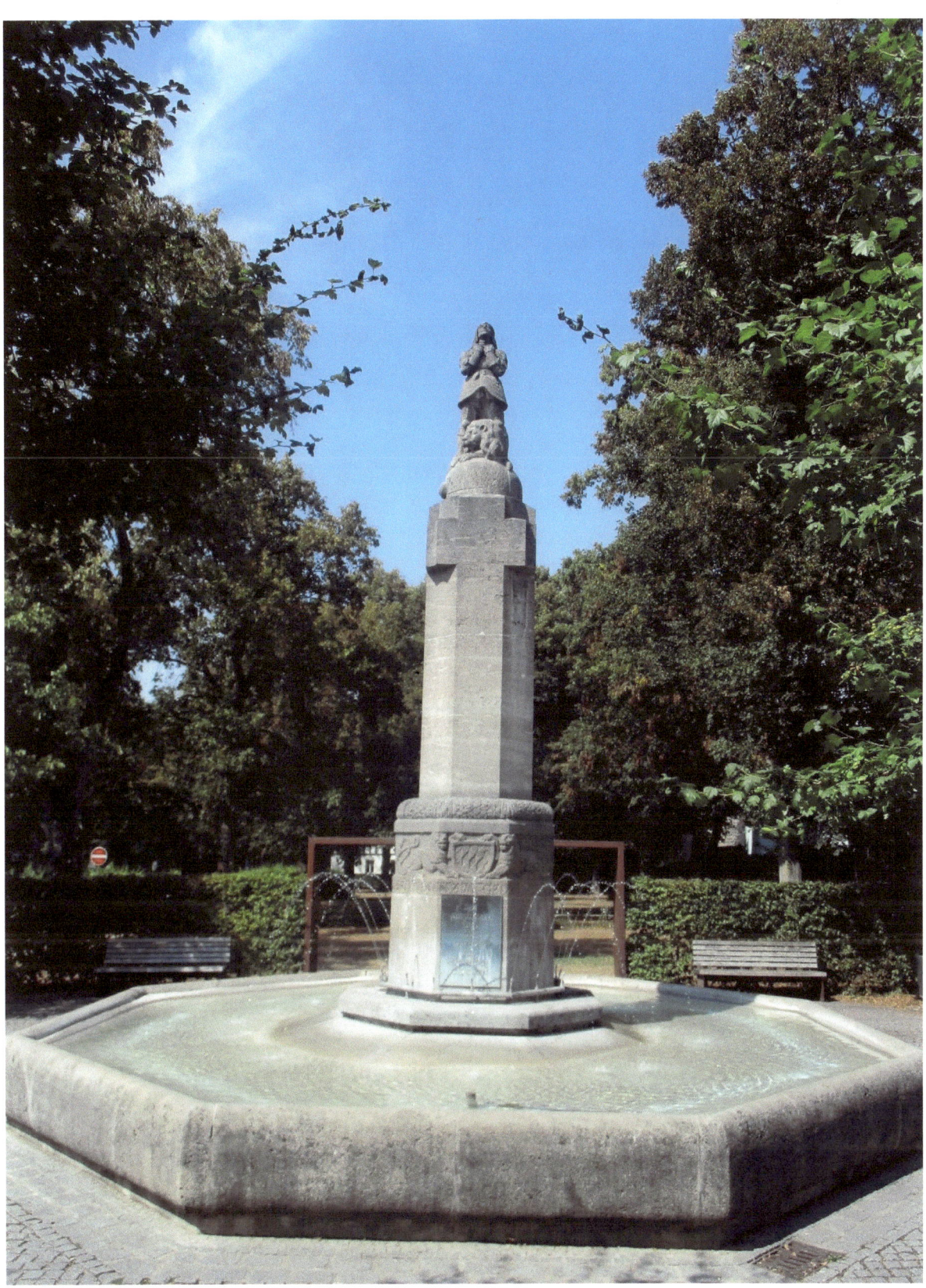

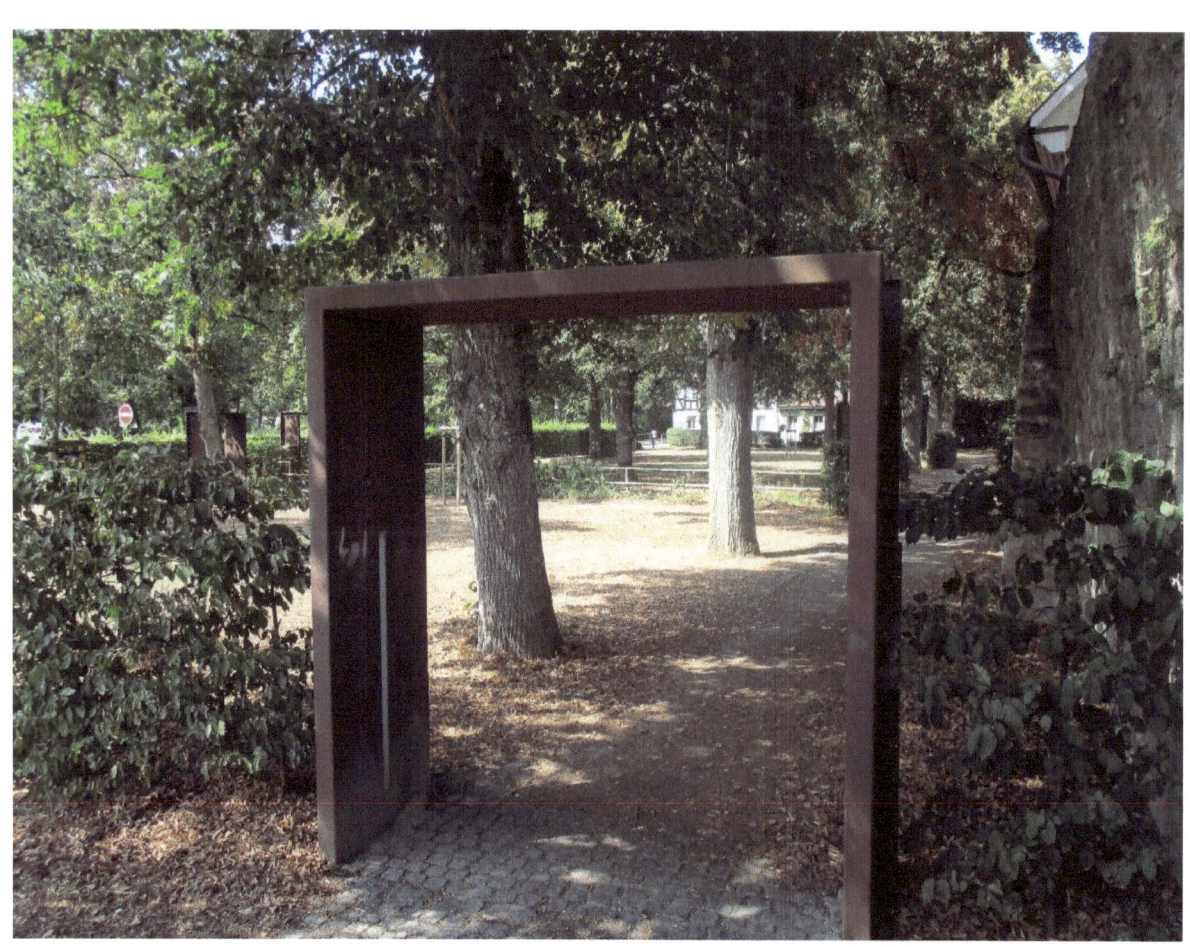

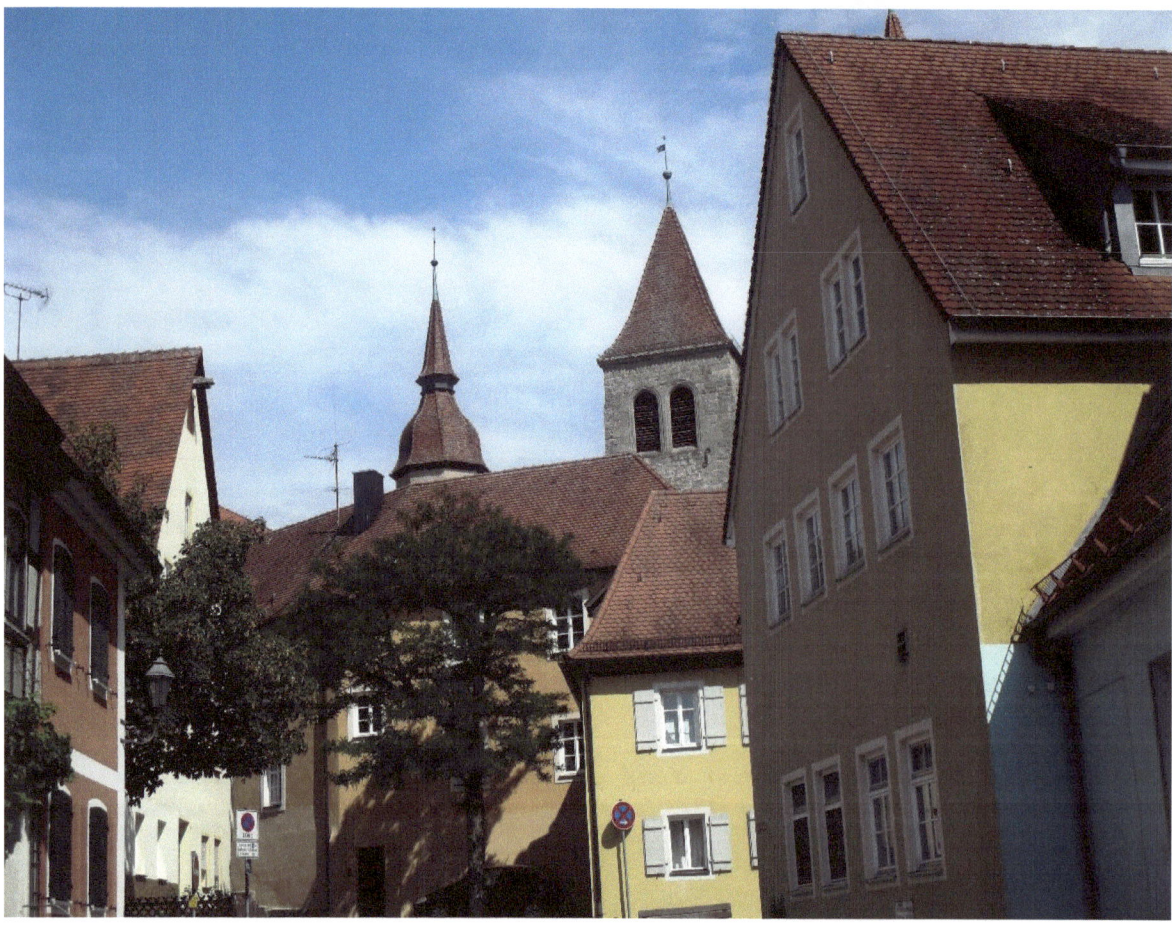

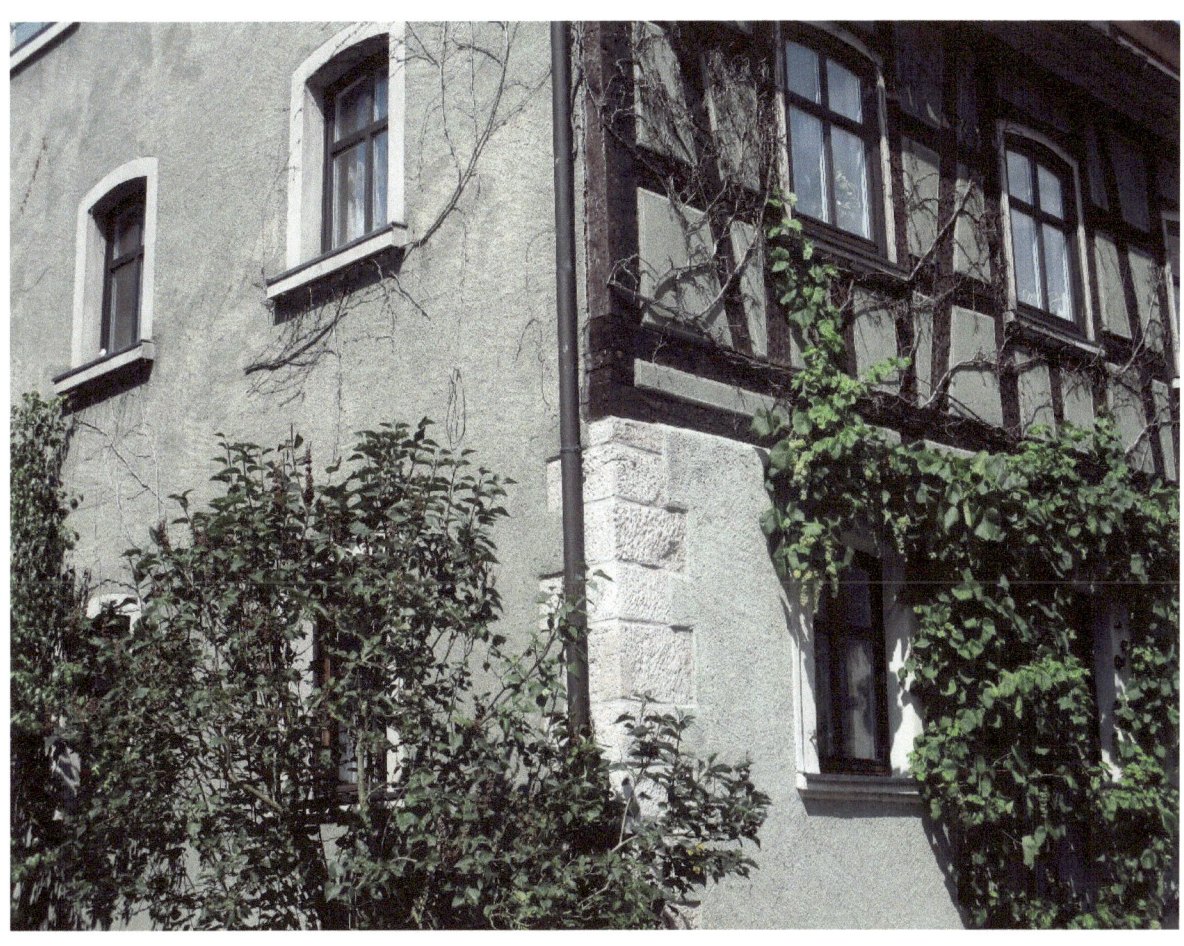
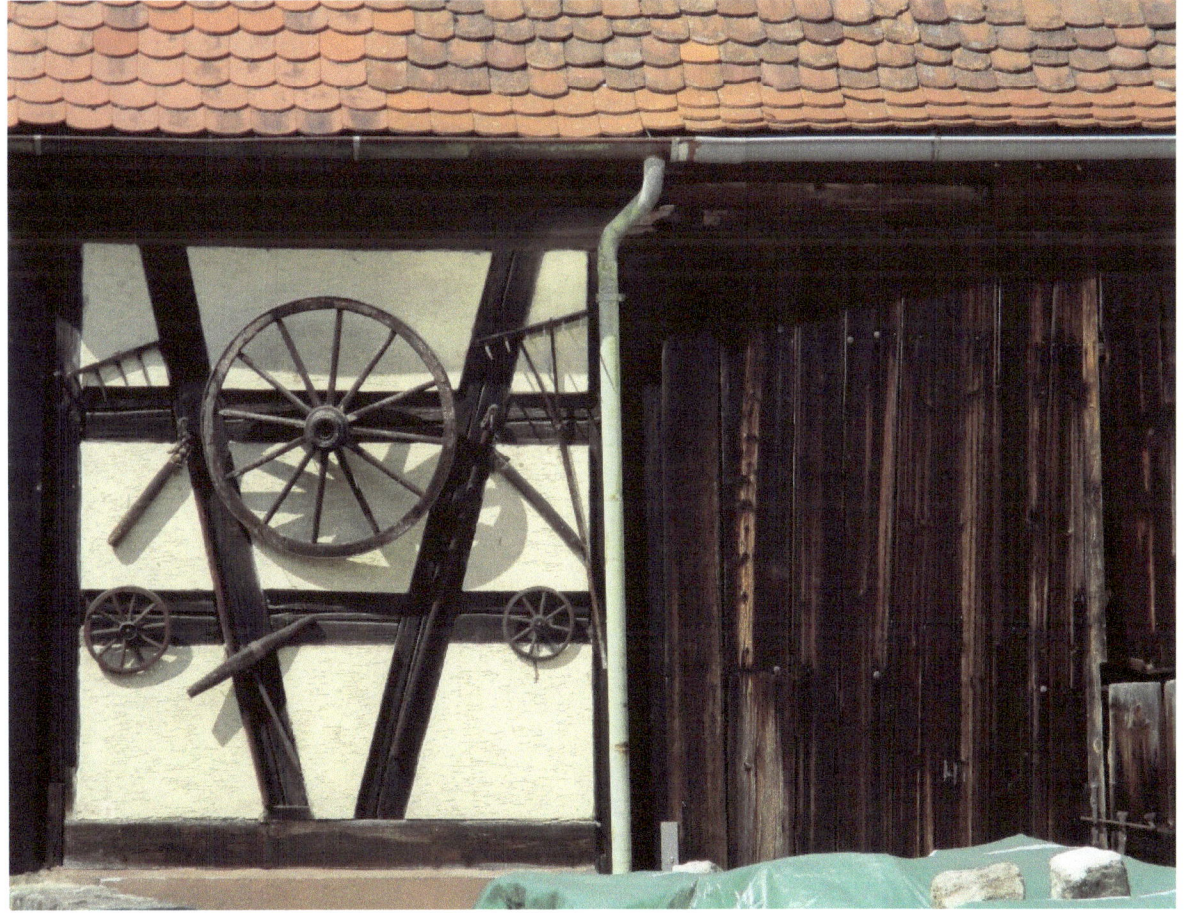

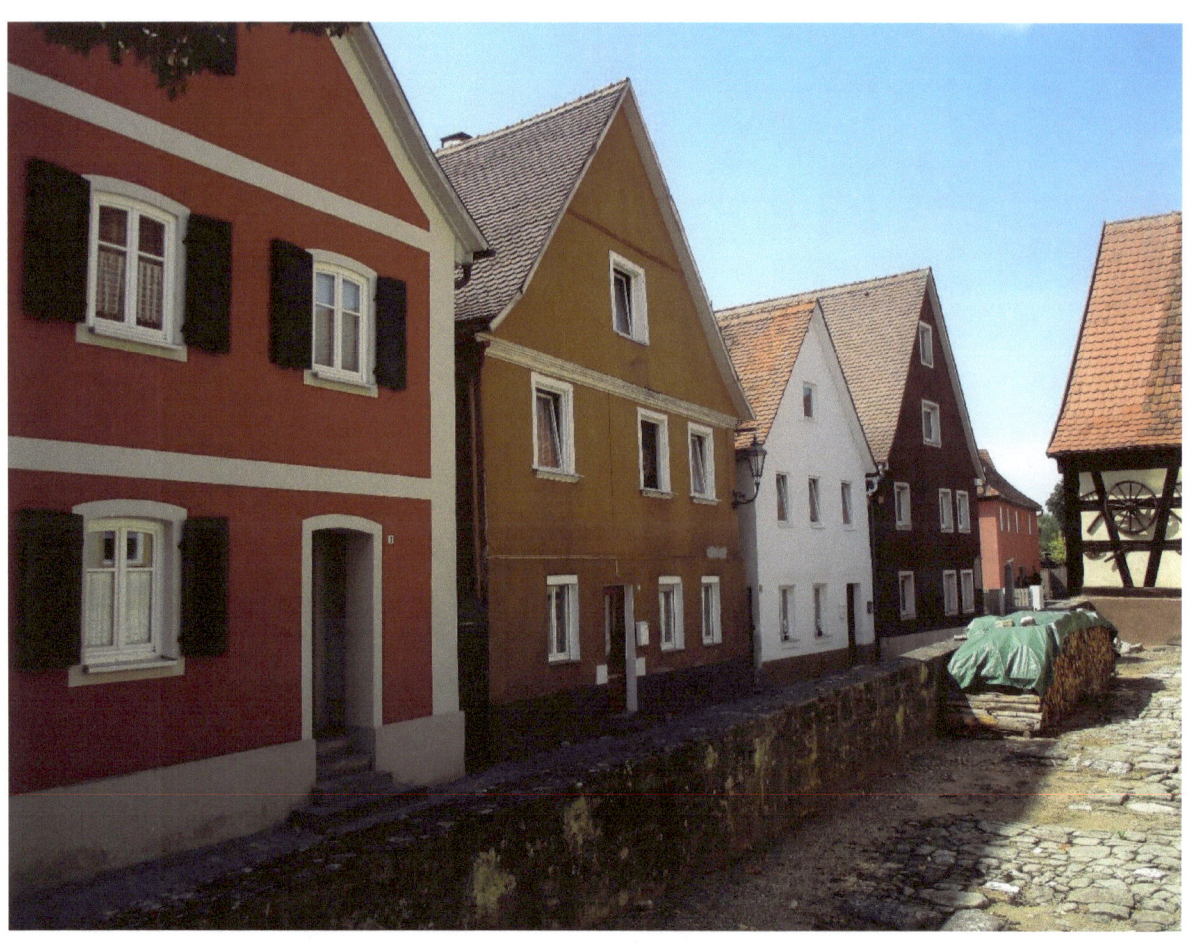
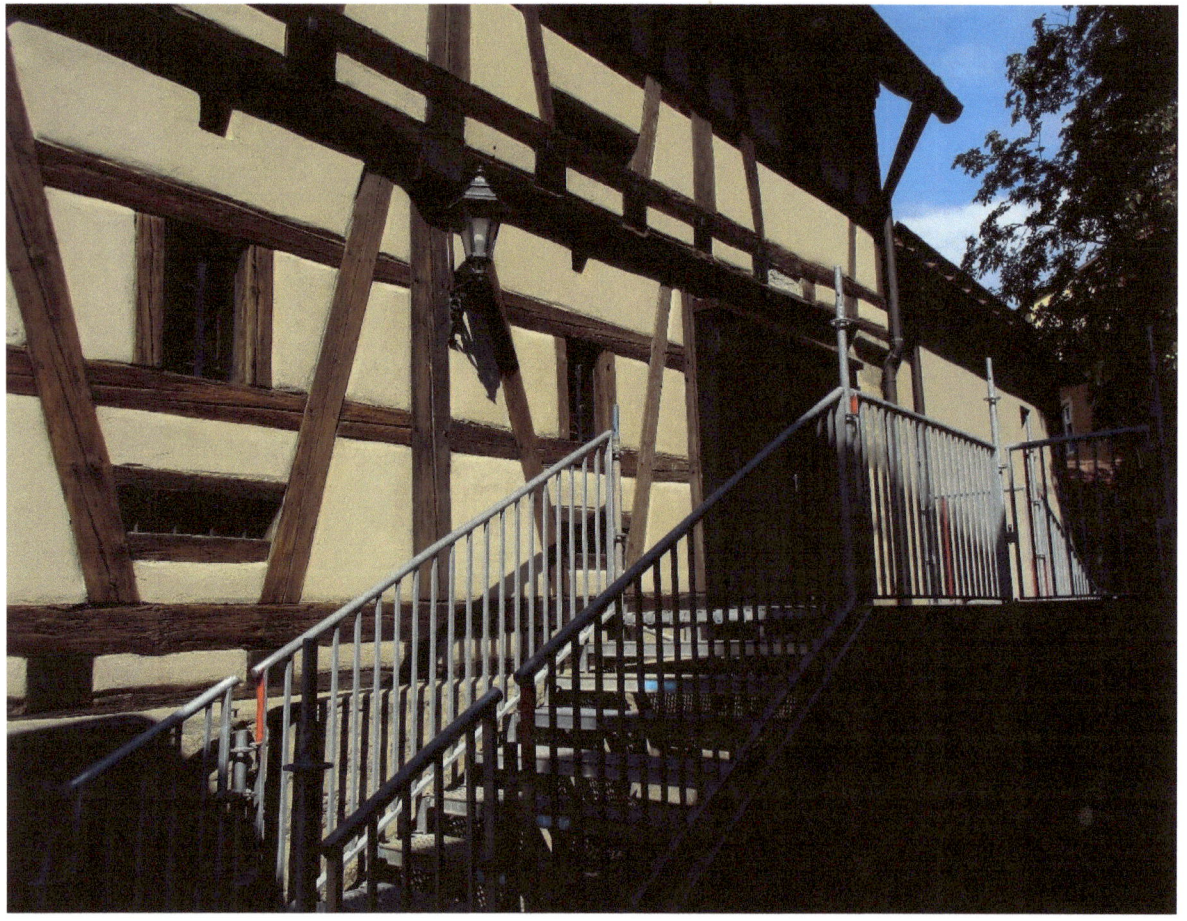

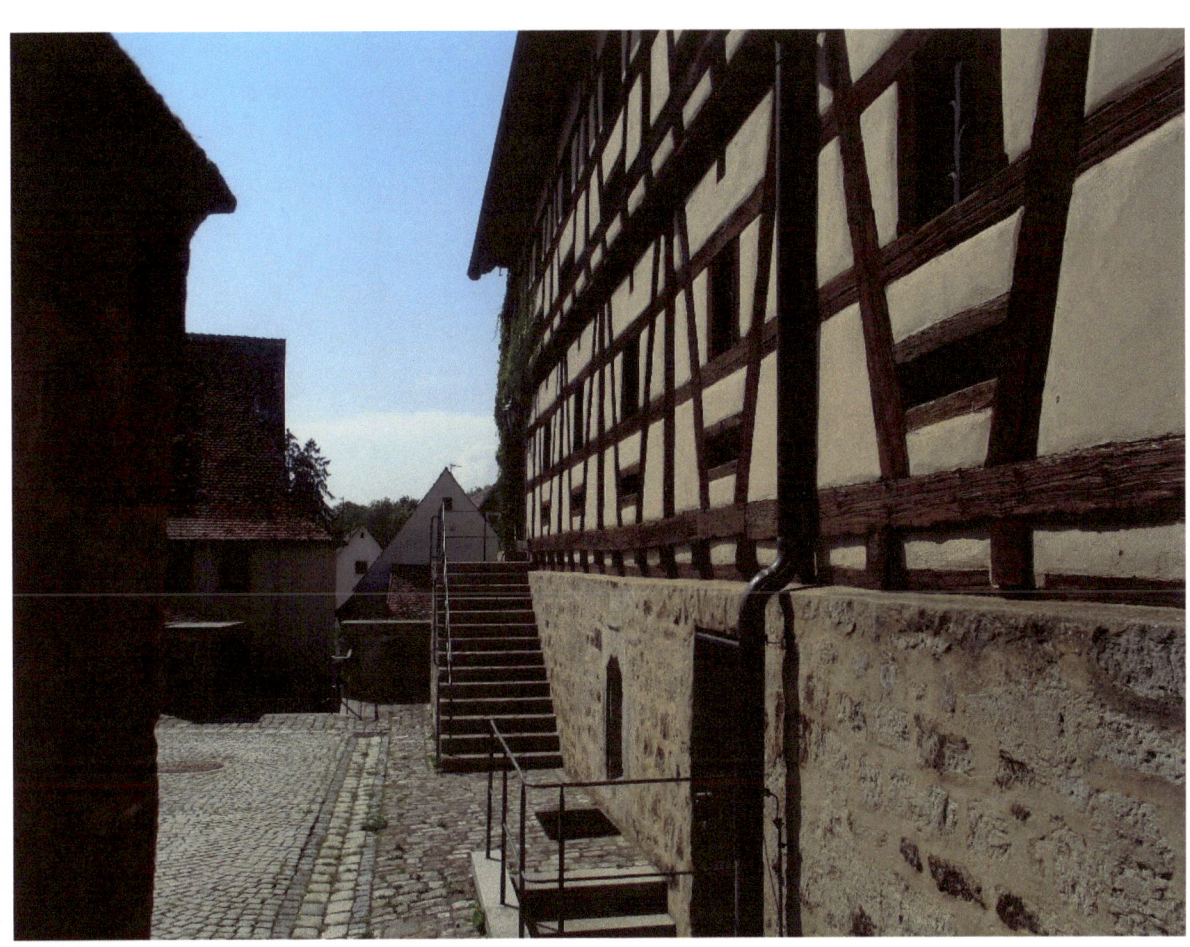
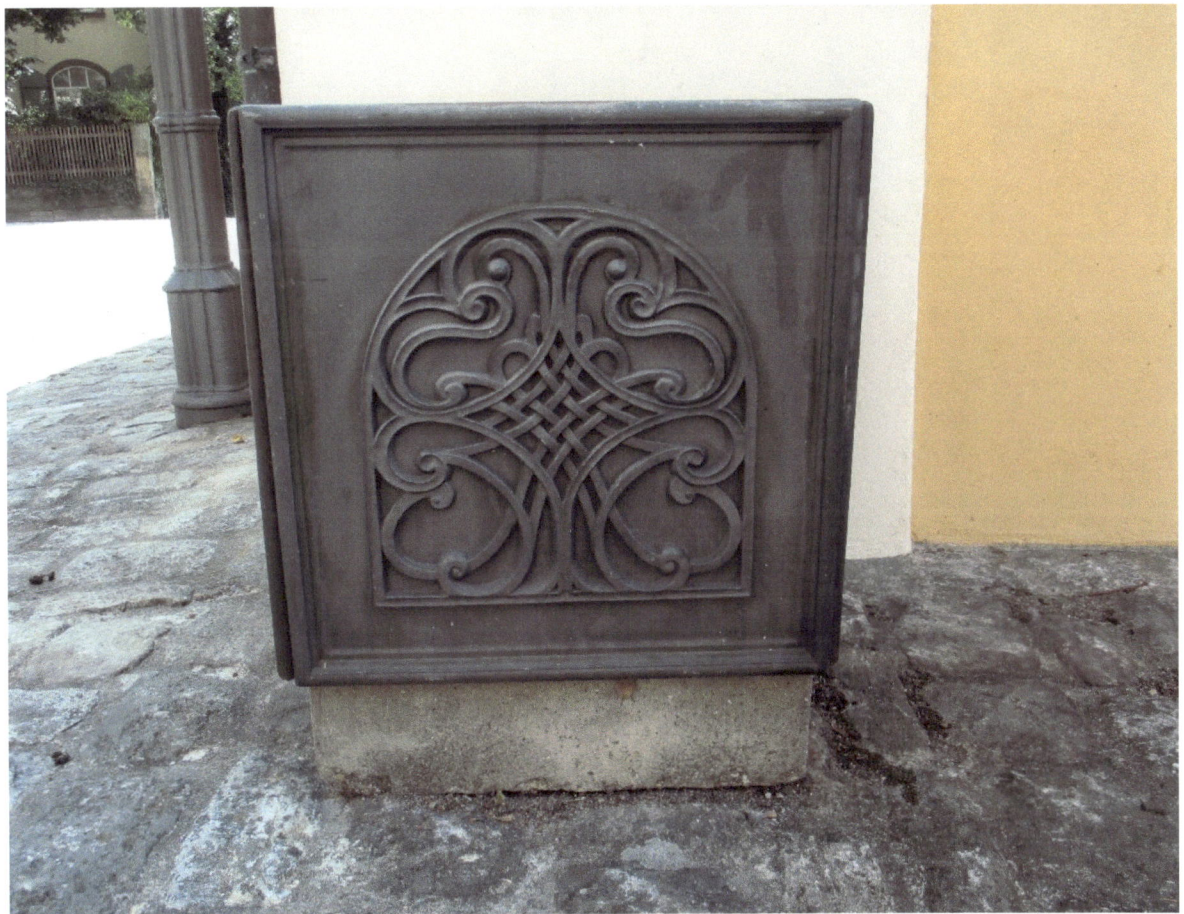

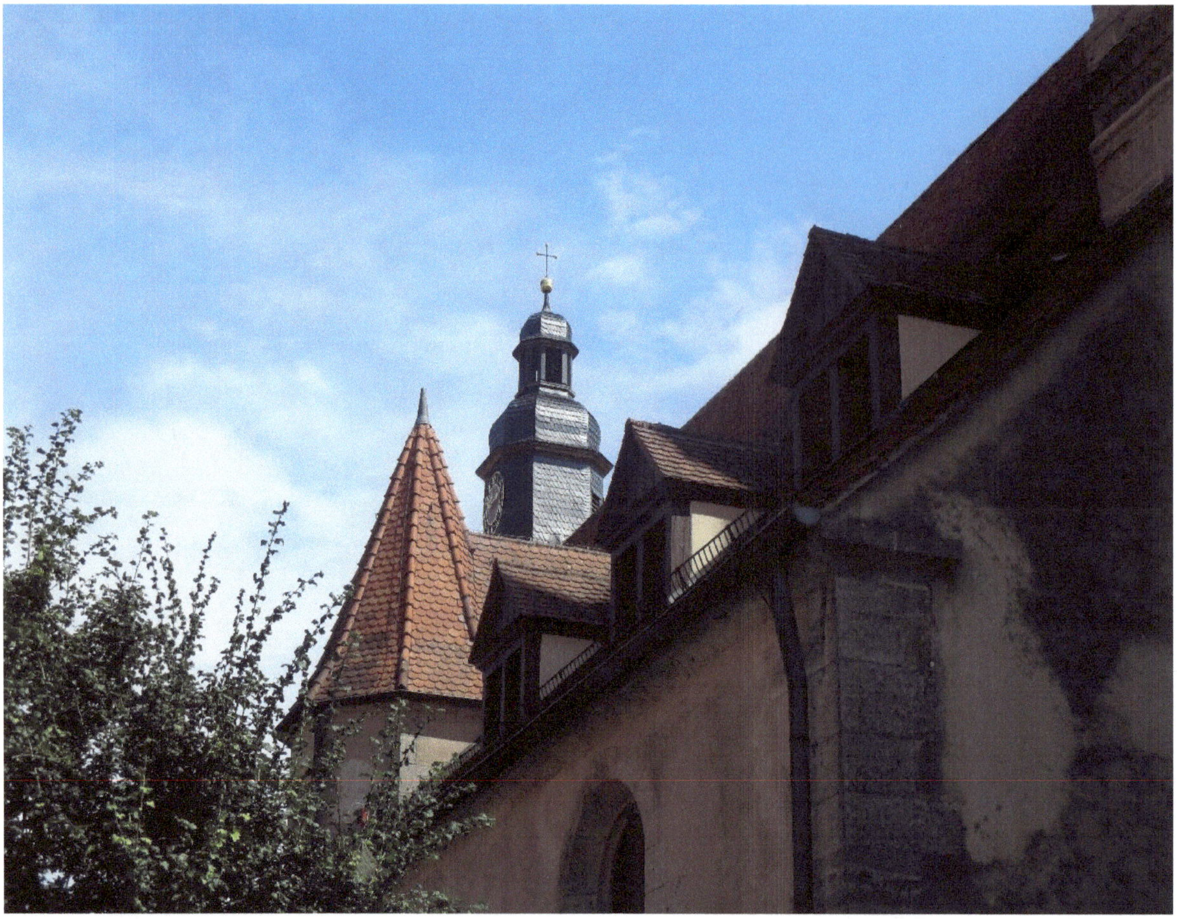

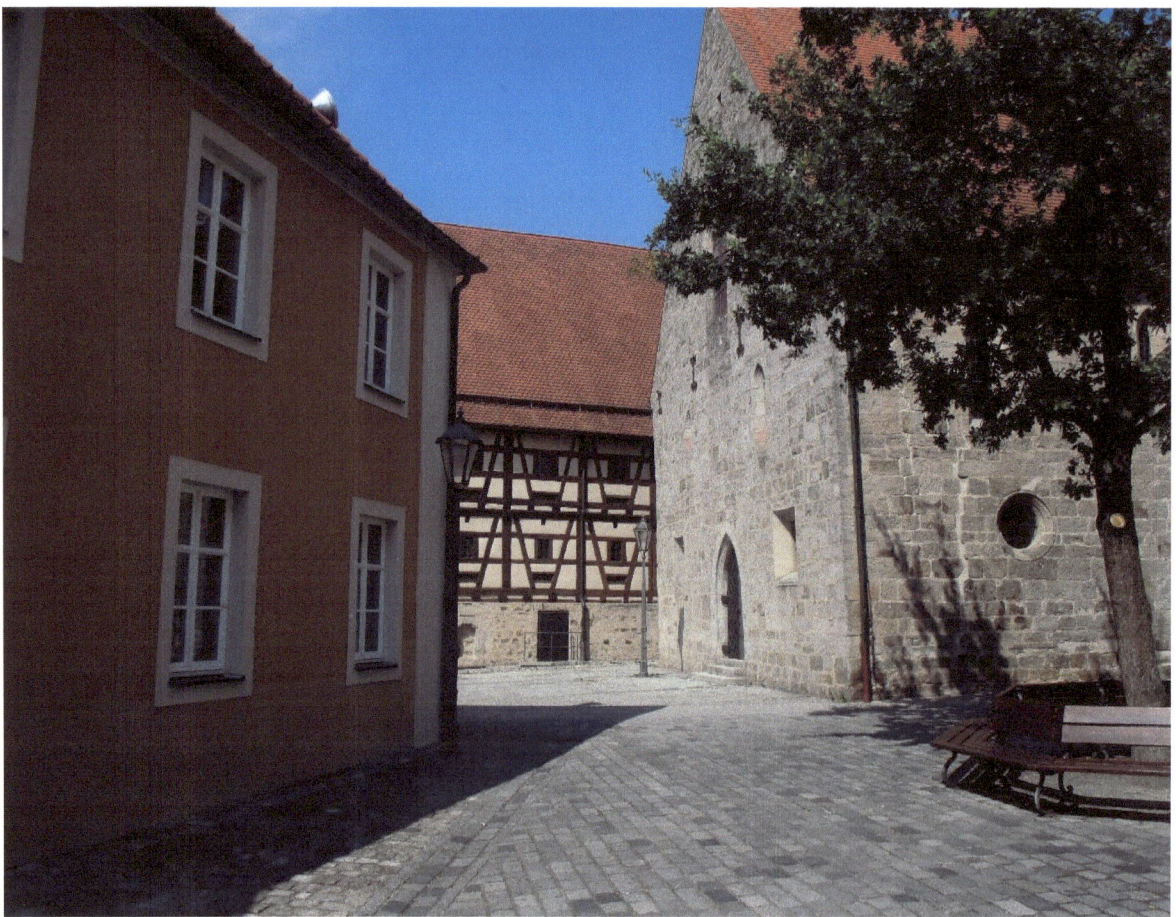

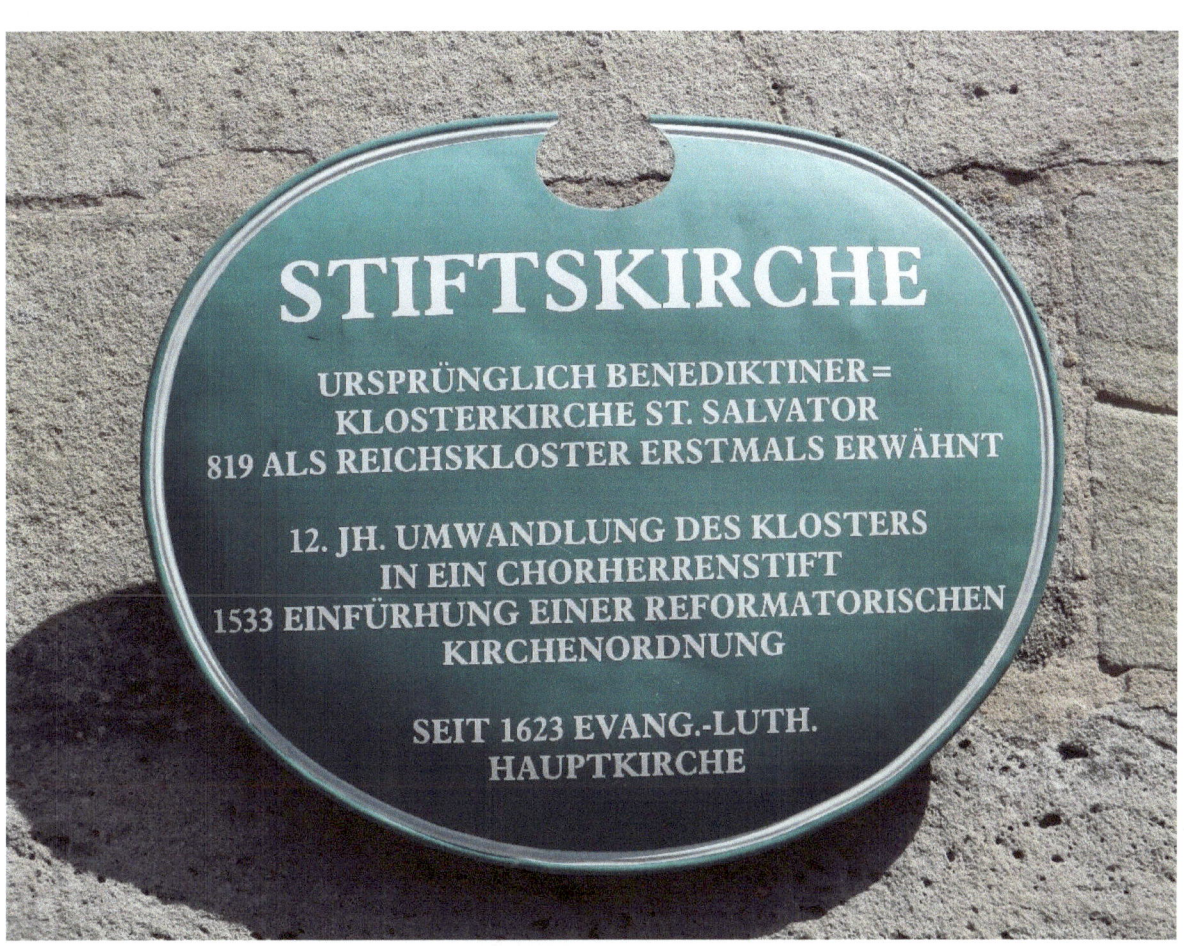

STIFTSKIRCHE

URSPRÜNGLICH BENEDIKTINER=
KLOSTERKIRCHE ST. SALVATOR
819 ALS REICHSKLOSTER ERSTMALS ERWÄHNT

12. JH. UMWANDLUNG DES KLOSTERS
IN EIN CHORHERRENSTIFT
1533 EINFÜHRUNG EINER REFORMATORISCHEN
KIRCHENORDNUNG

SEIT 1623 EVANG.-LUTH.
HAUPTKIRCHE

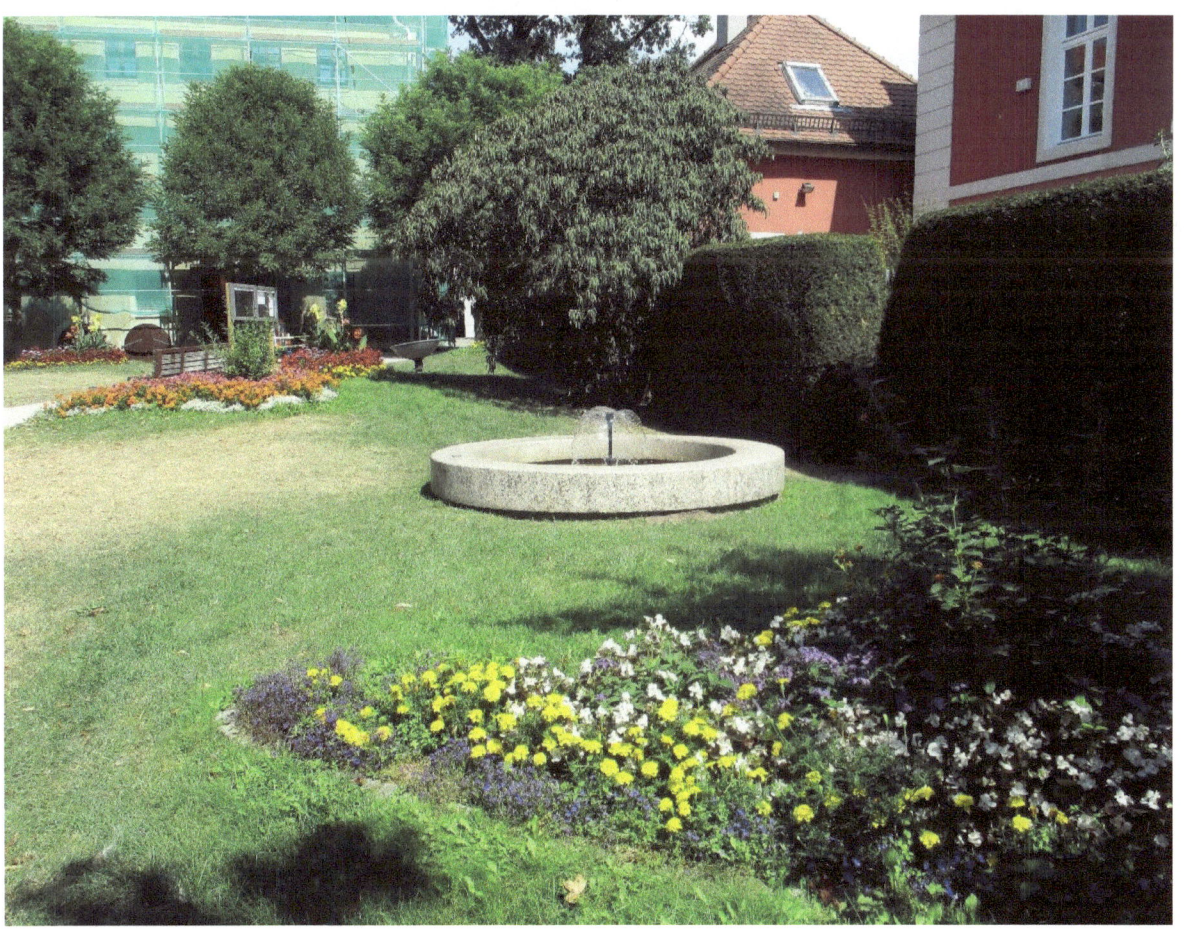

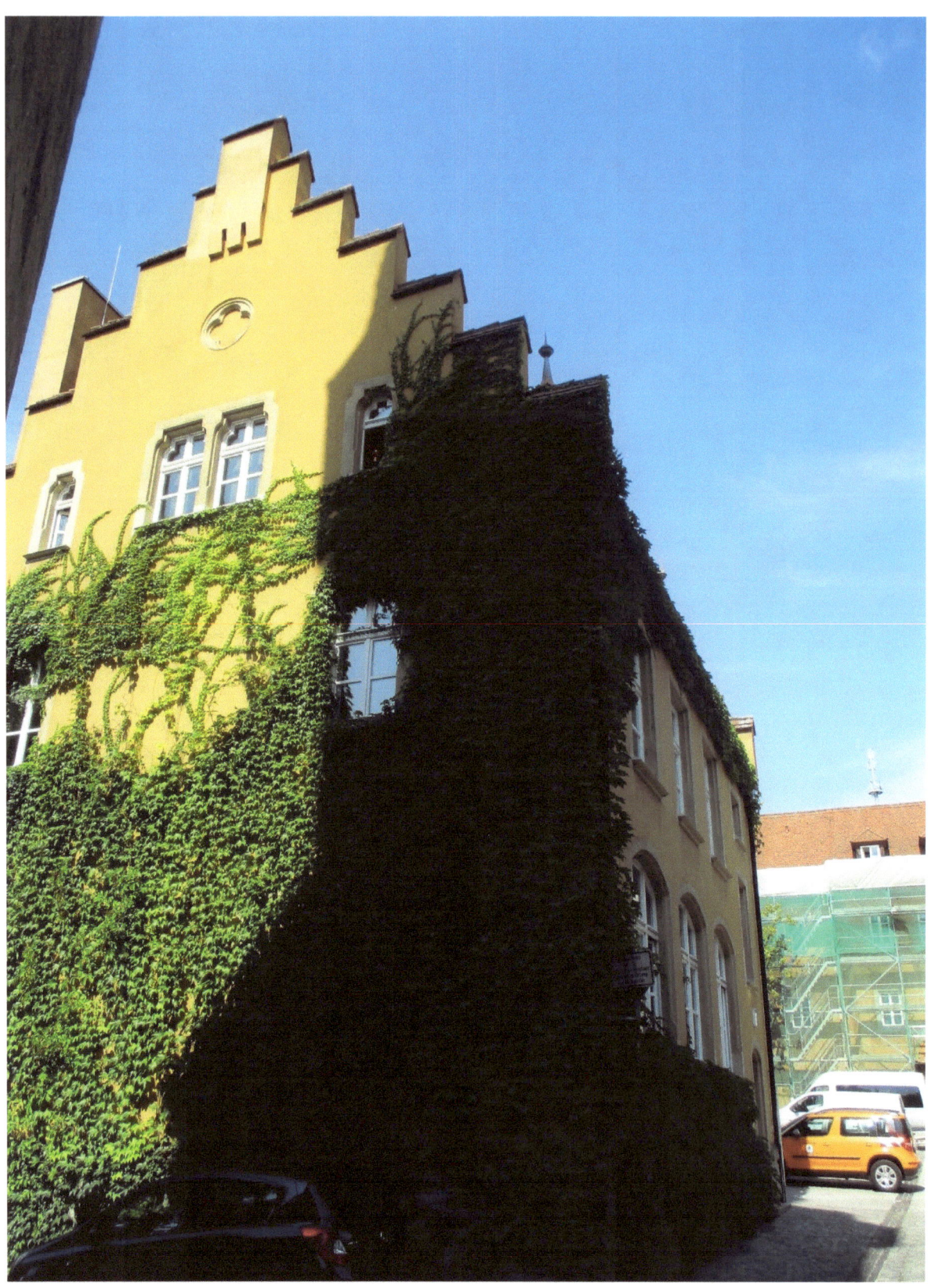

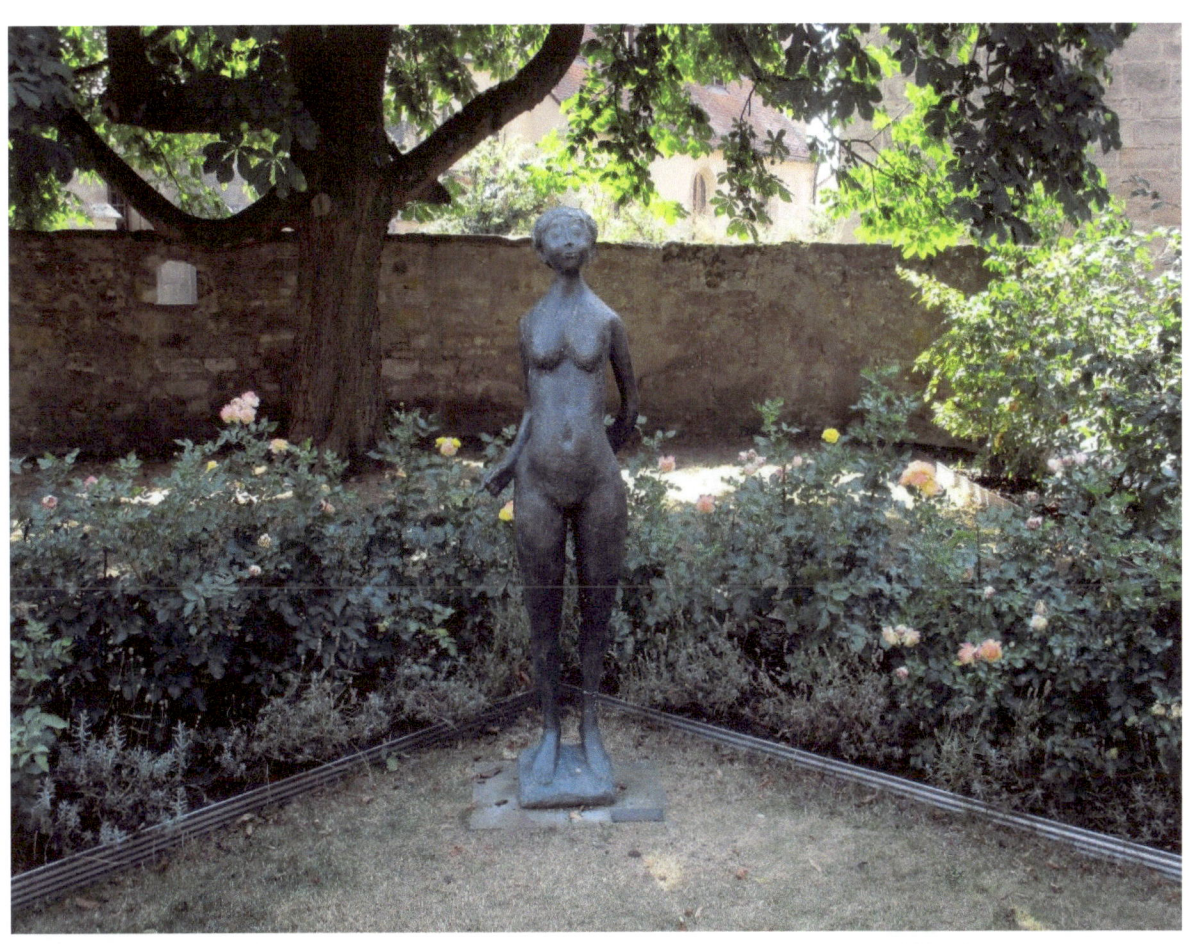

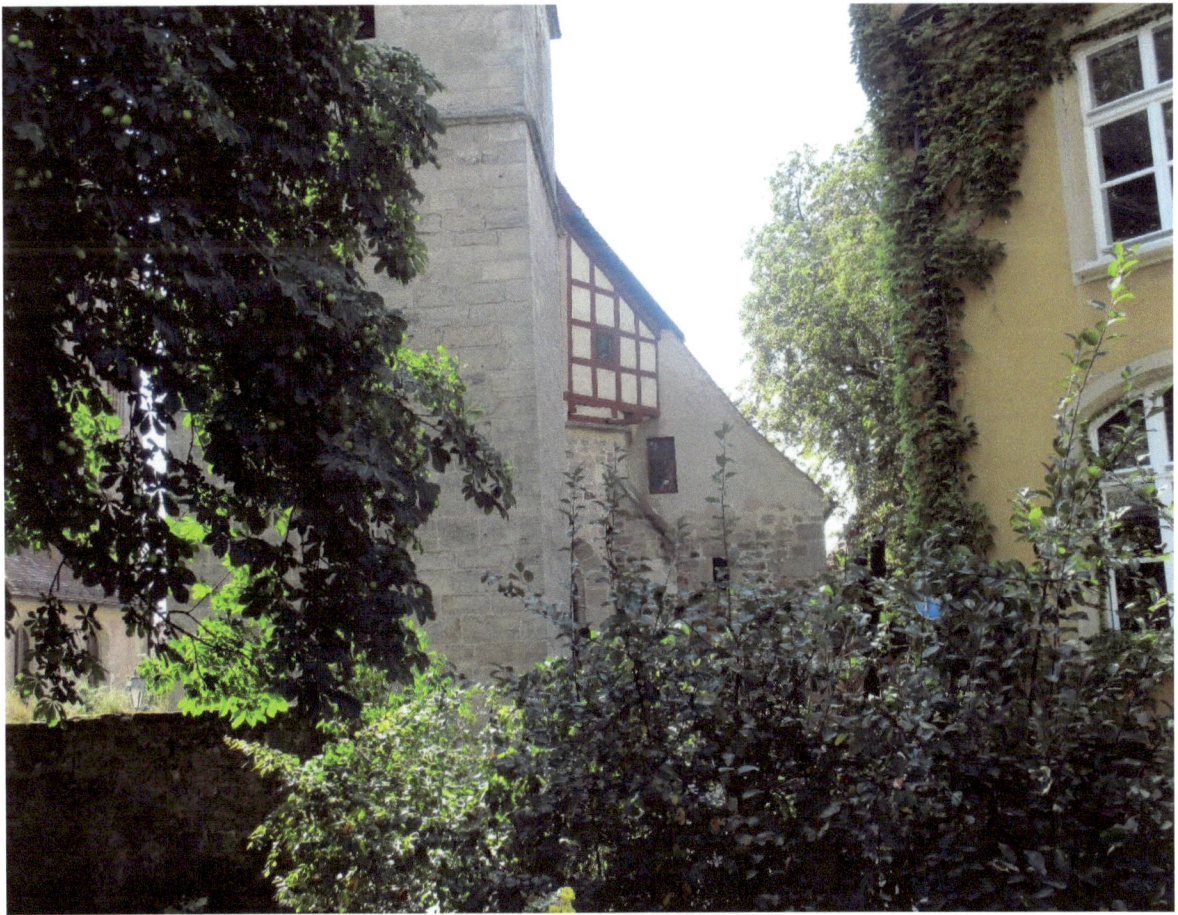

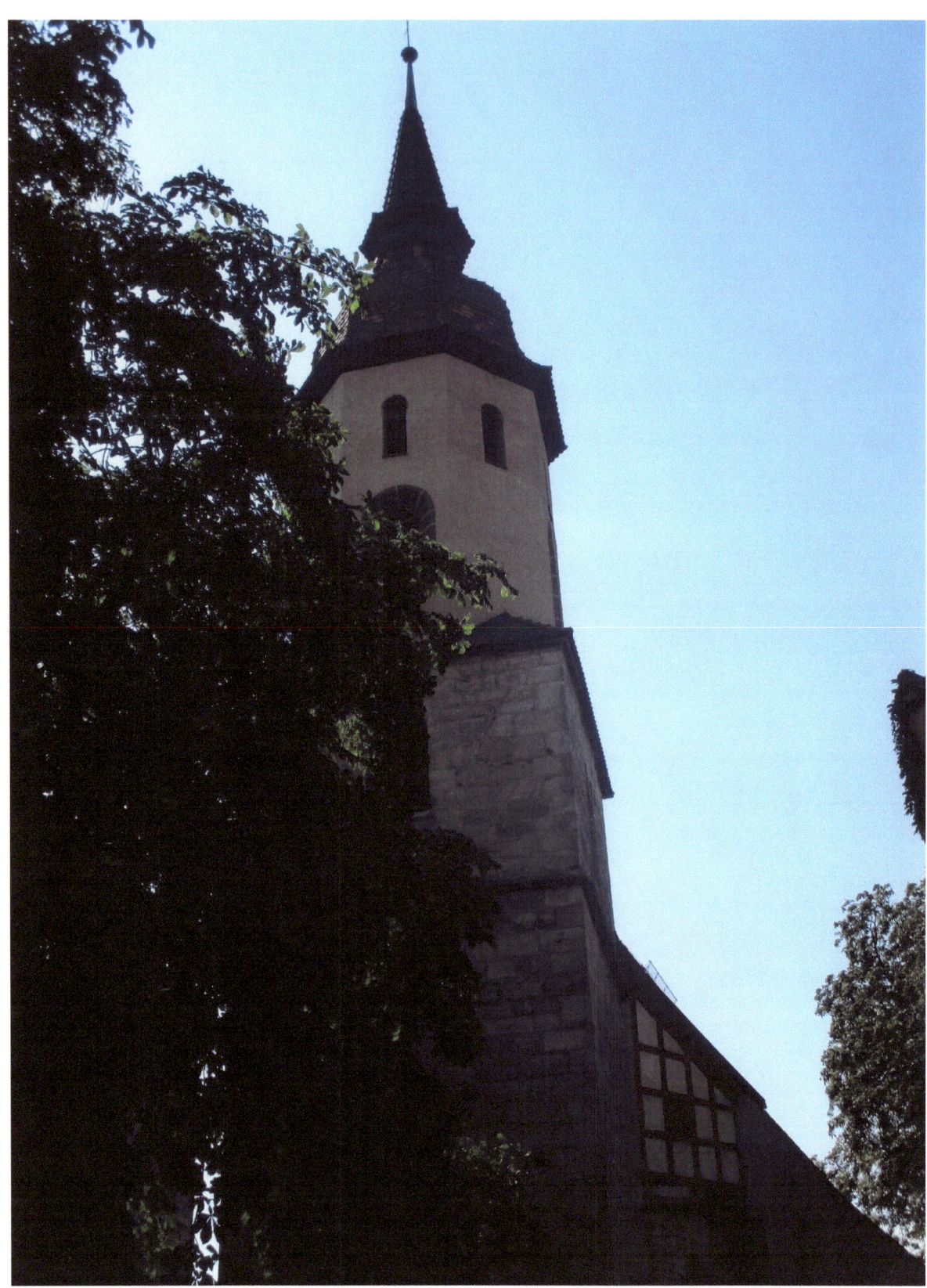

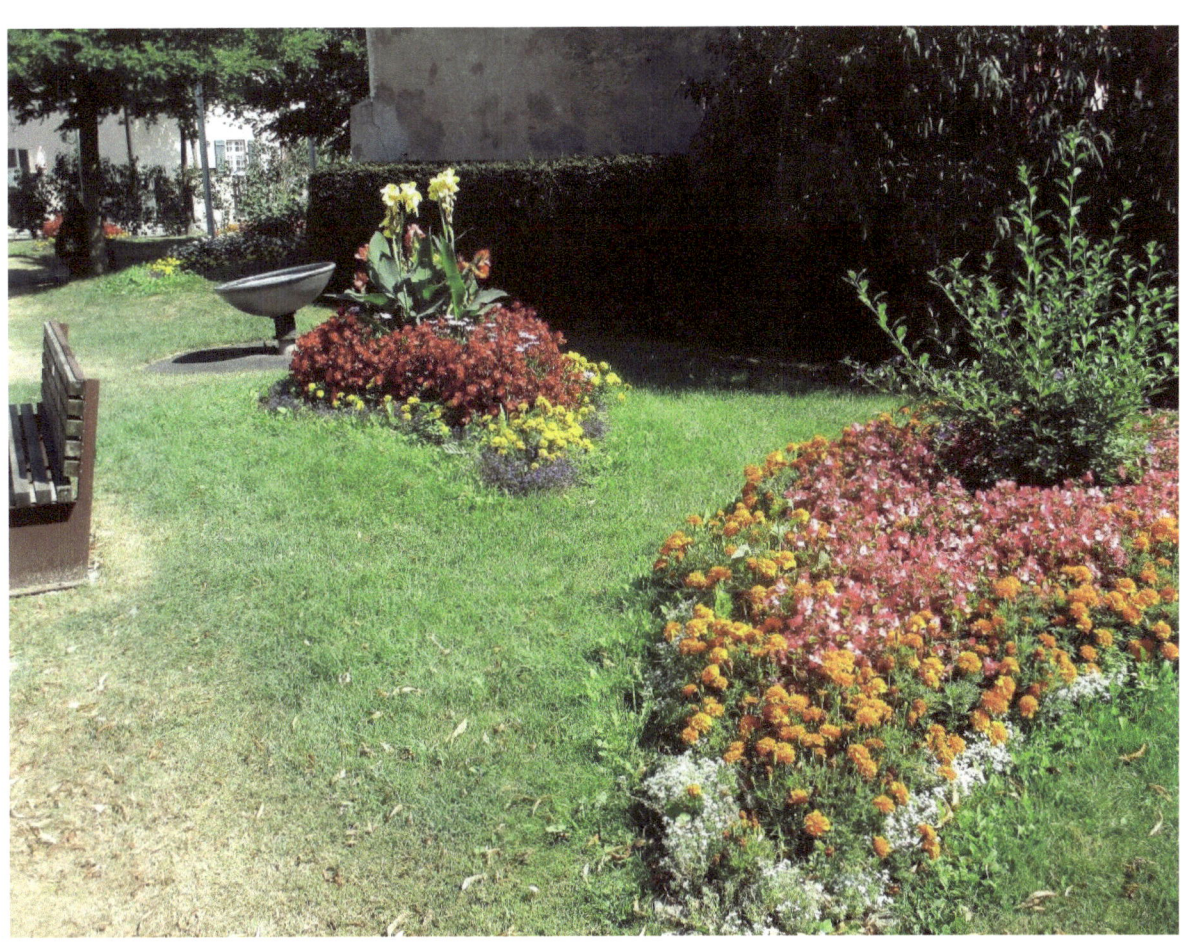
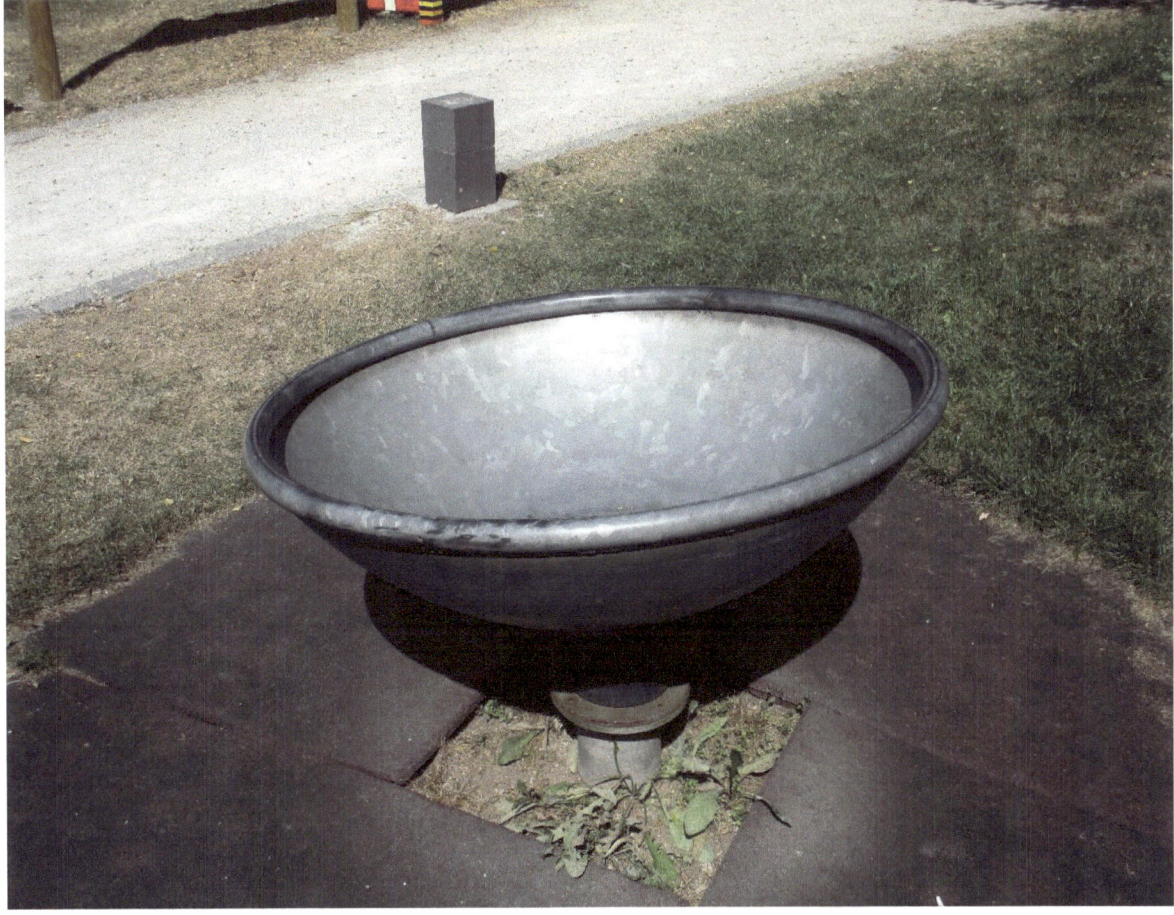

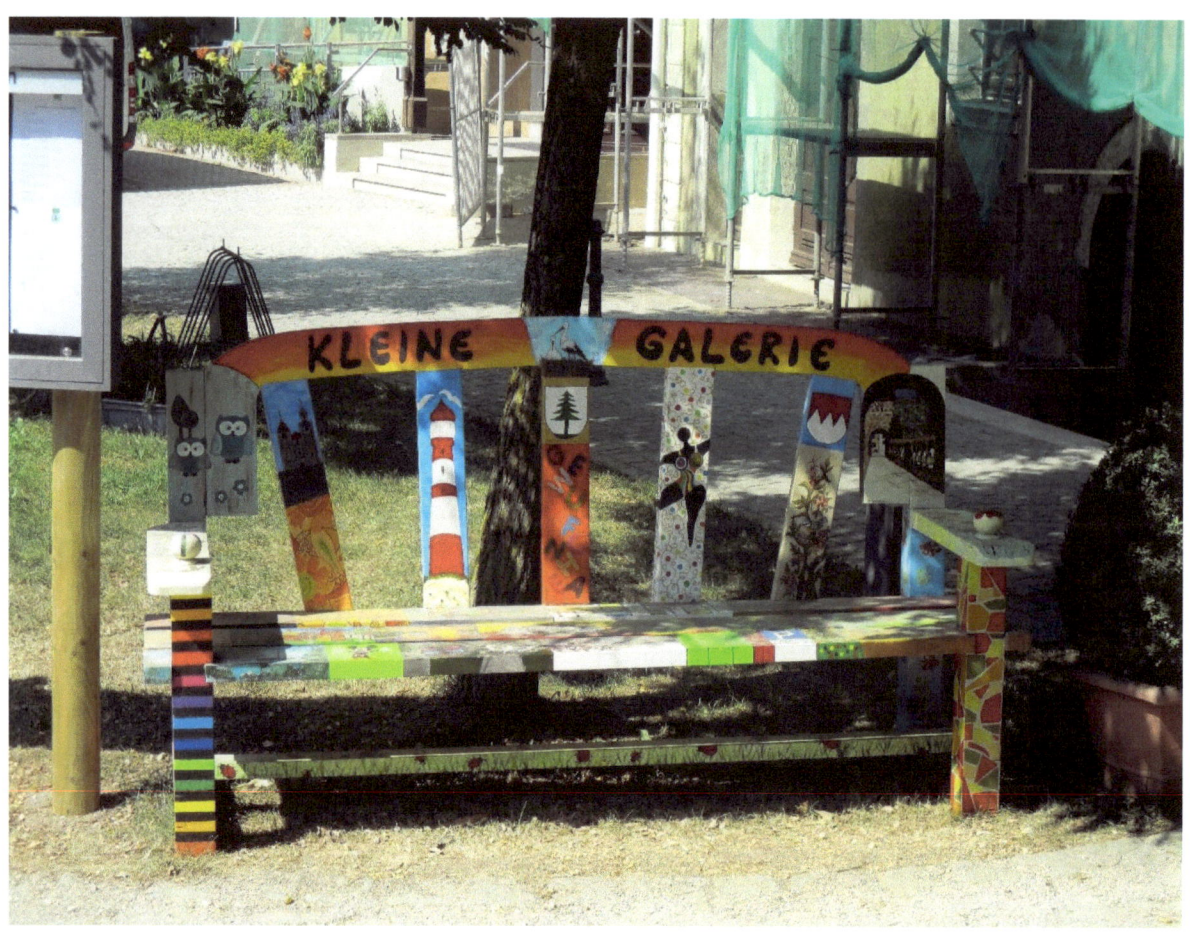
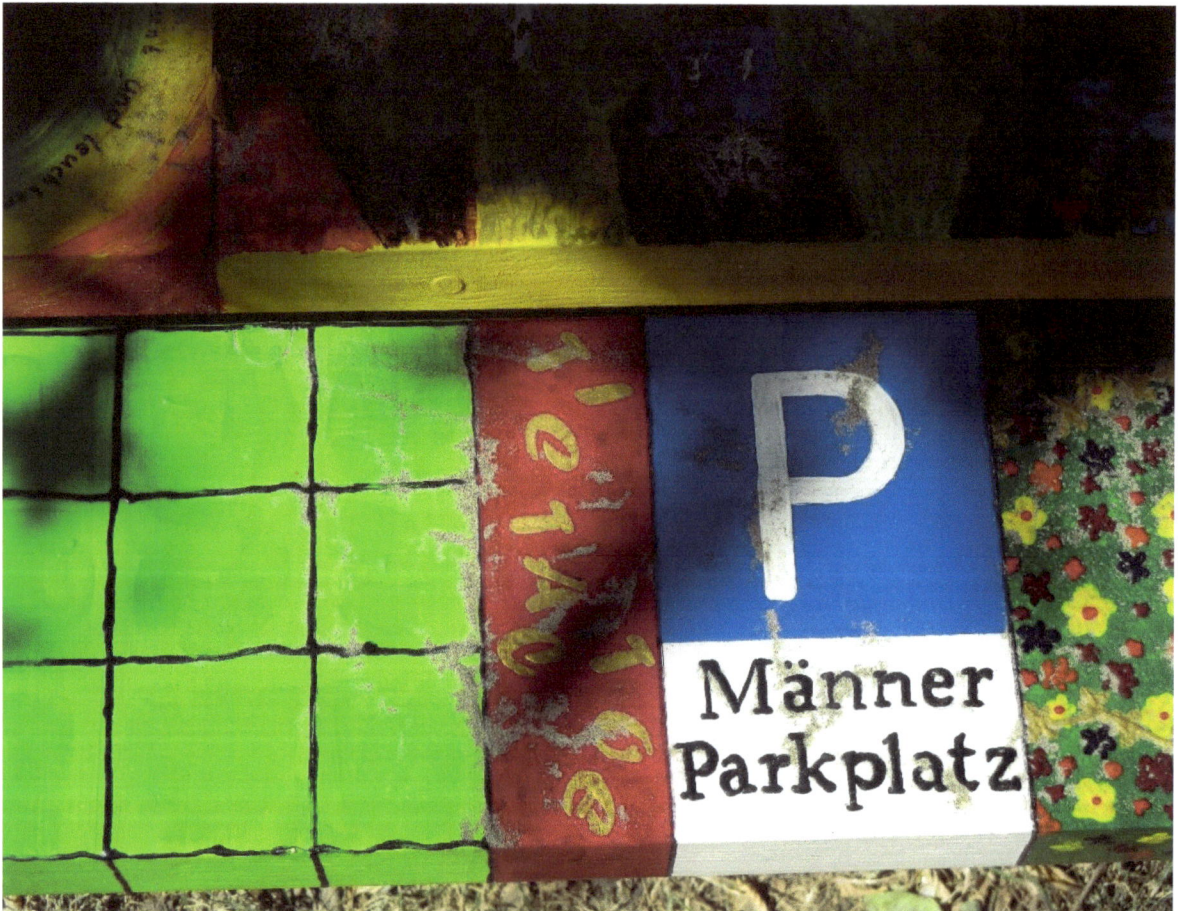

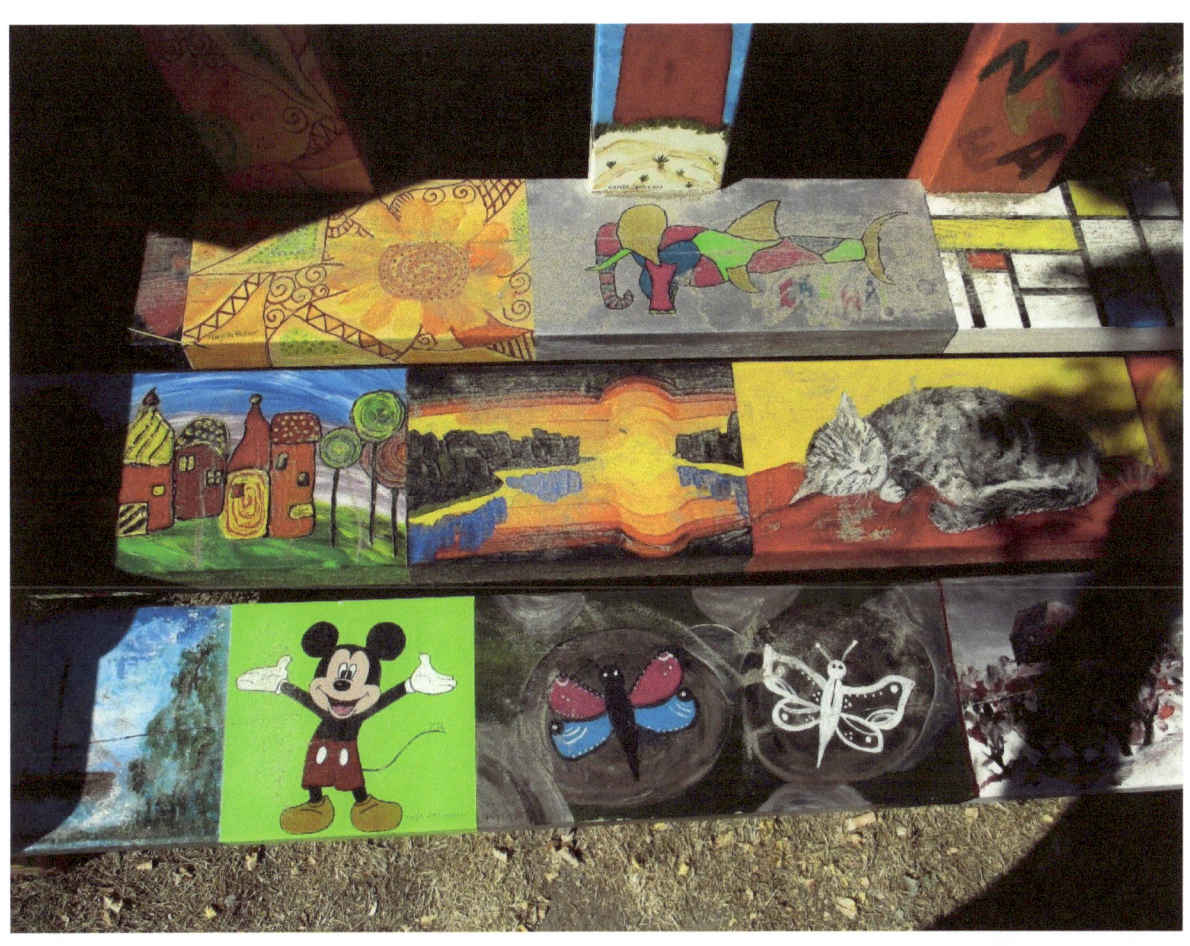
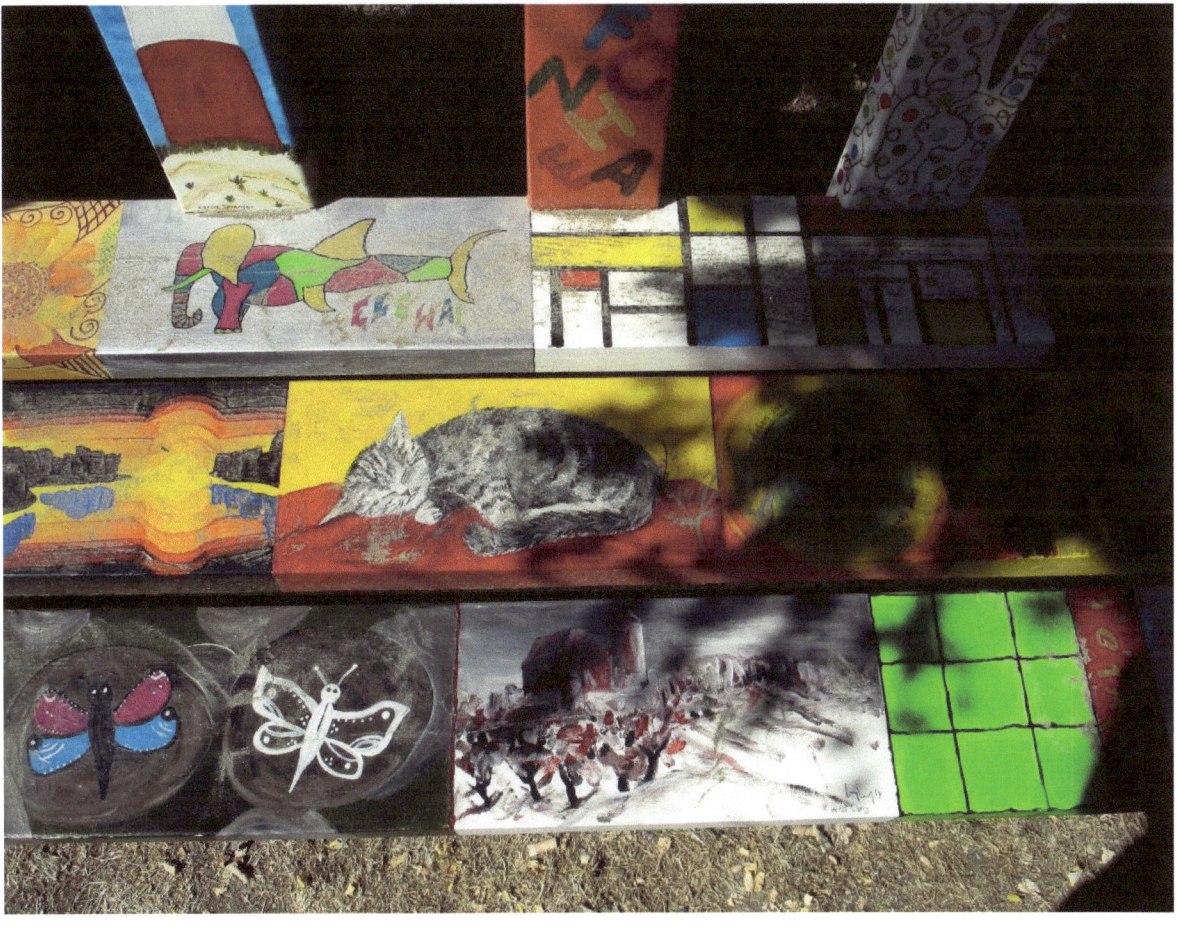

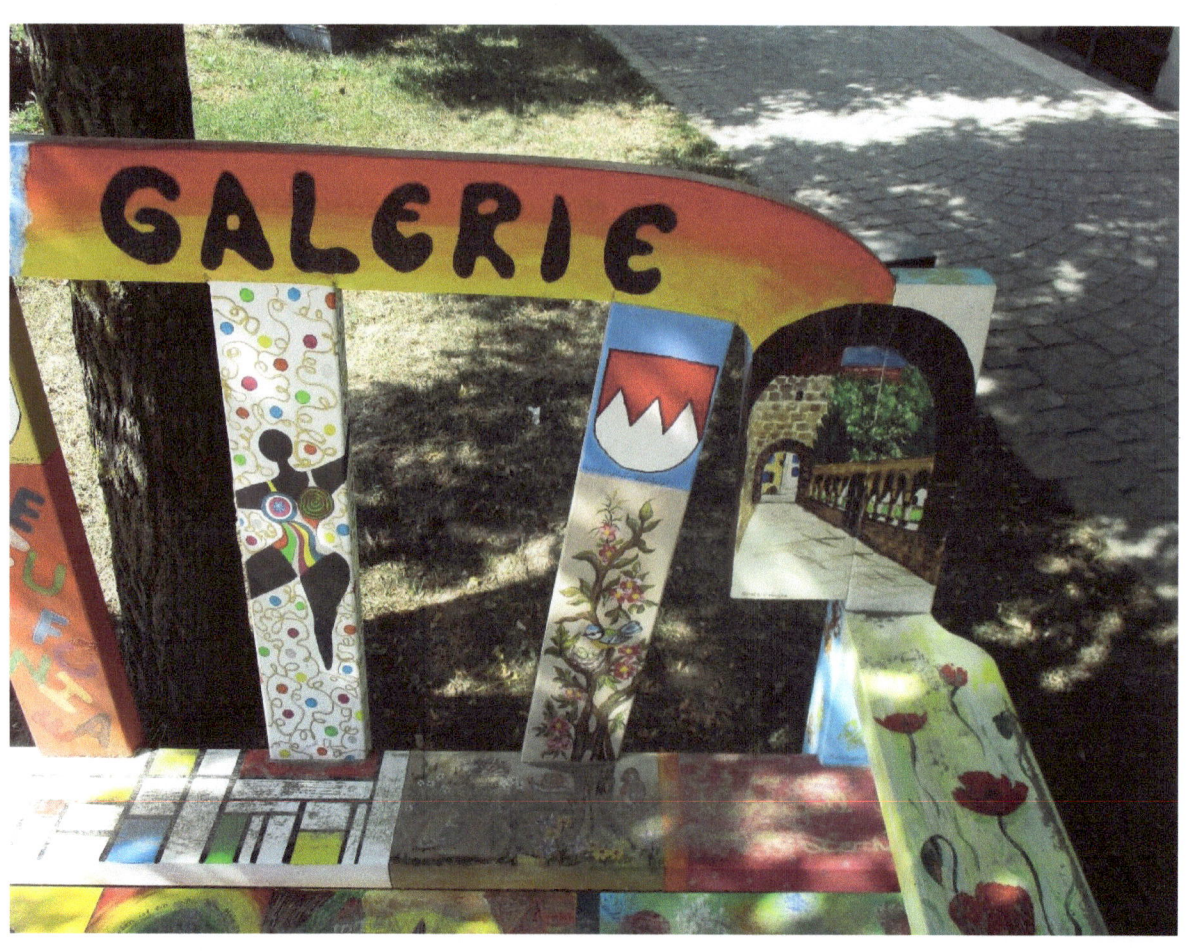
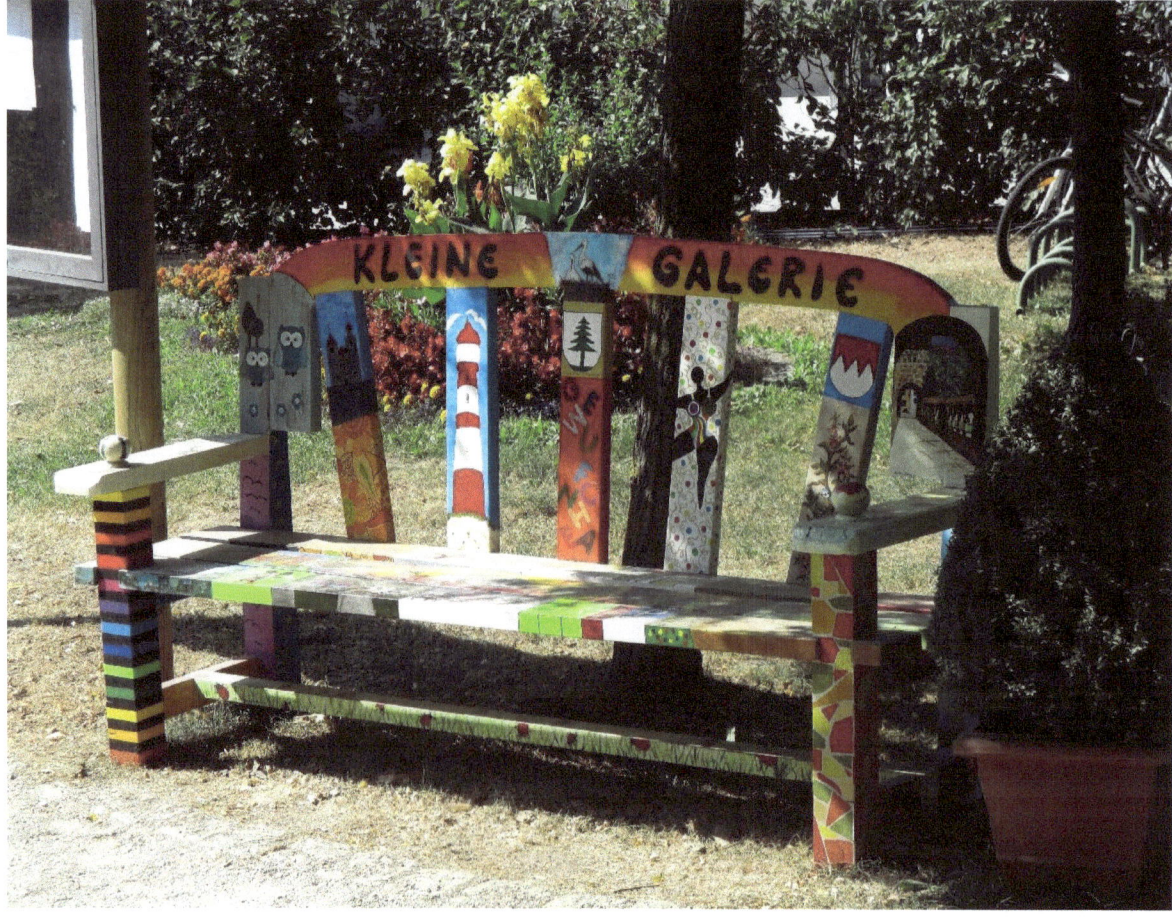

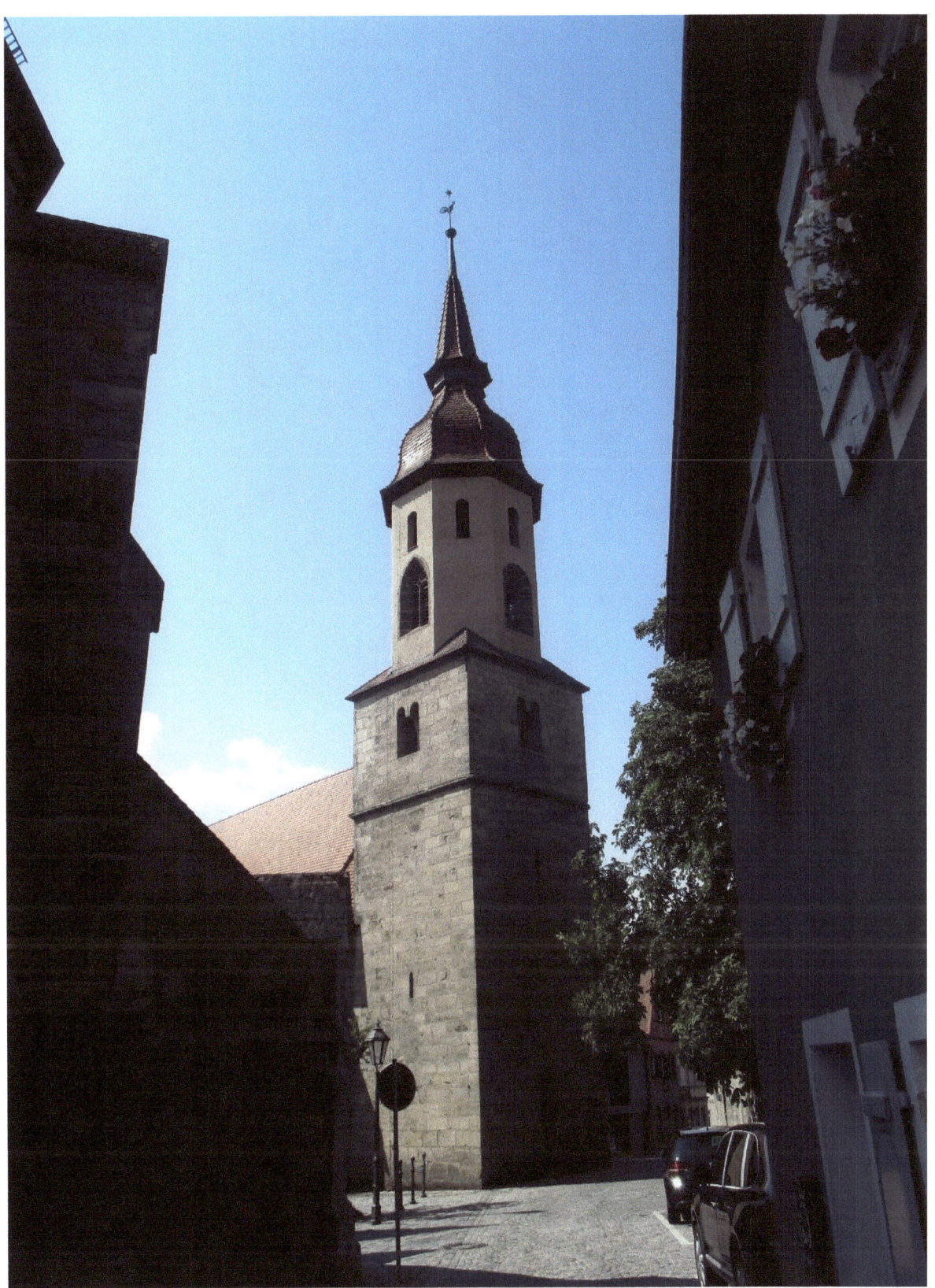

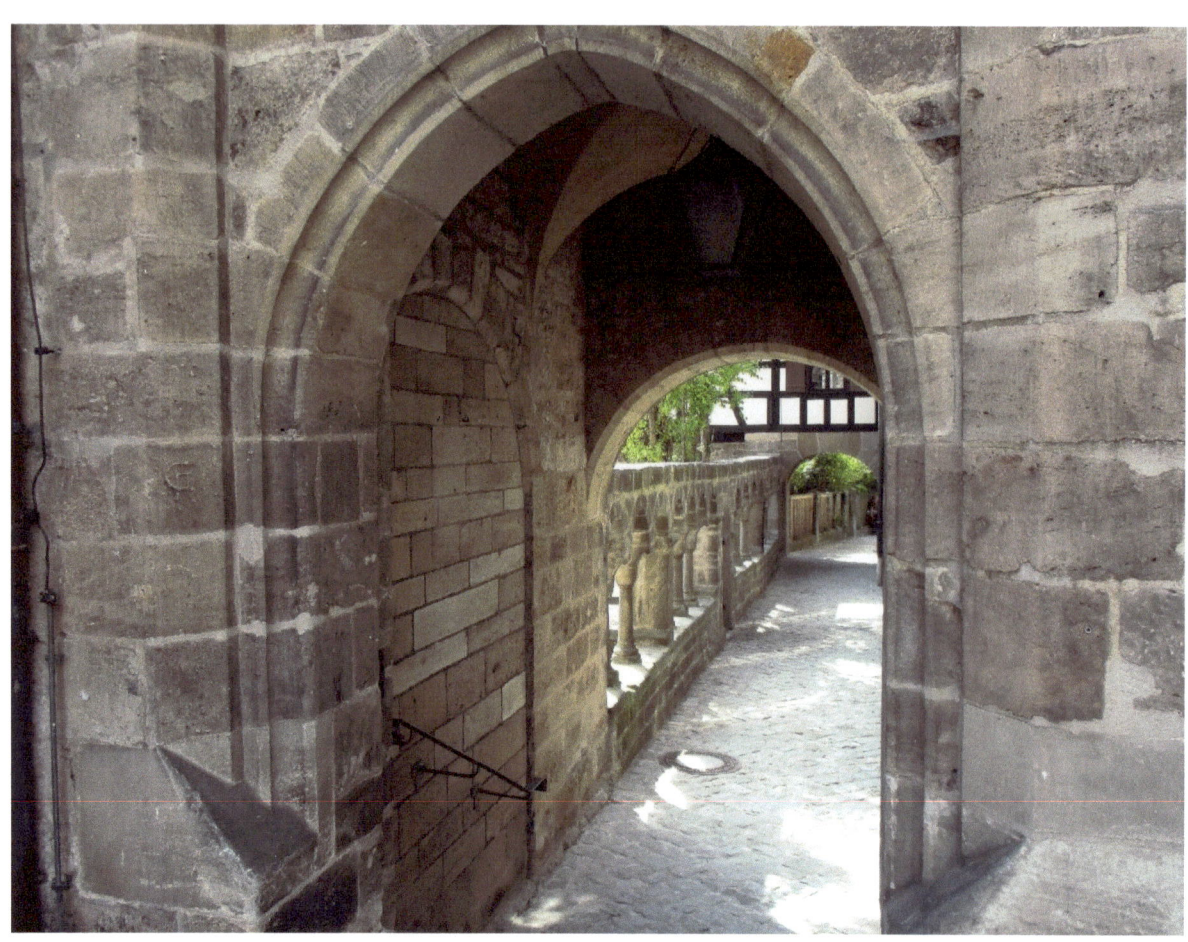

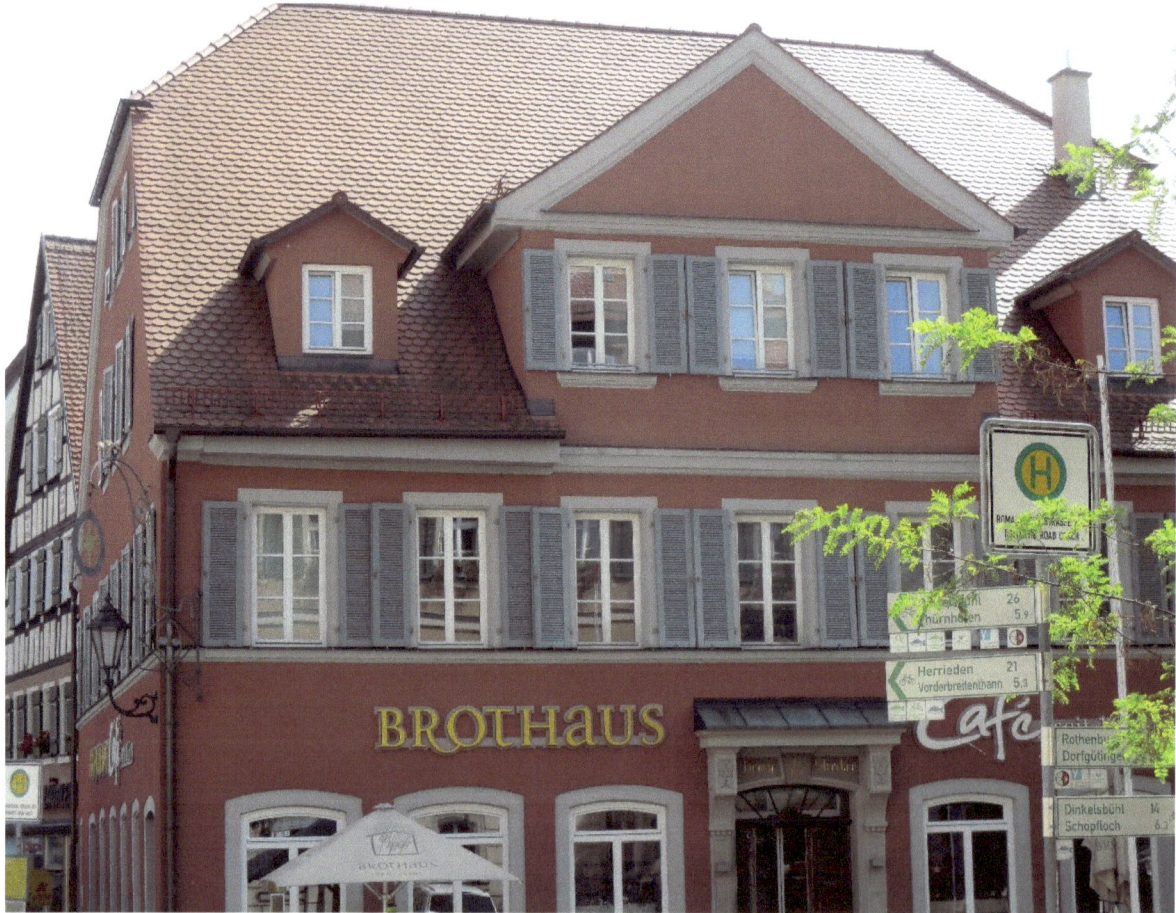

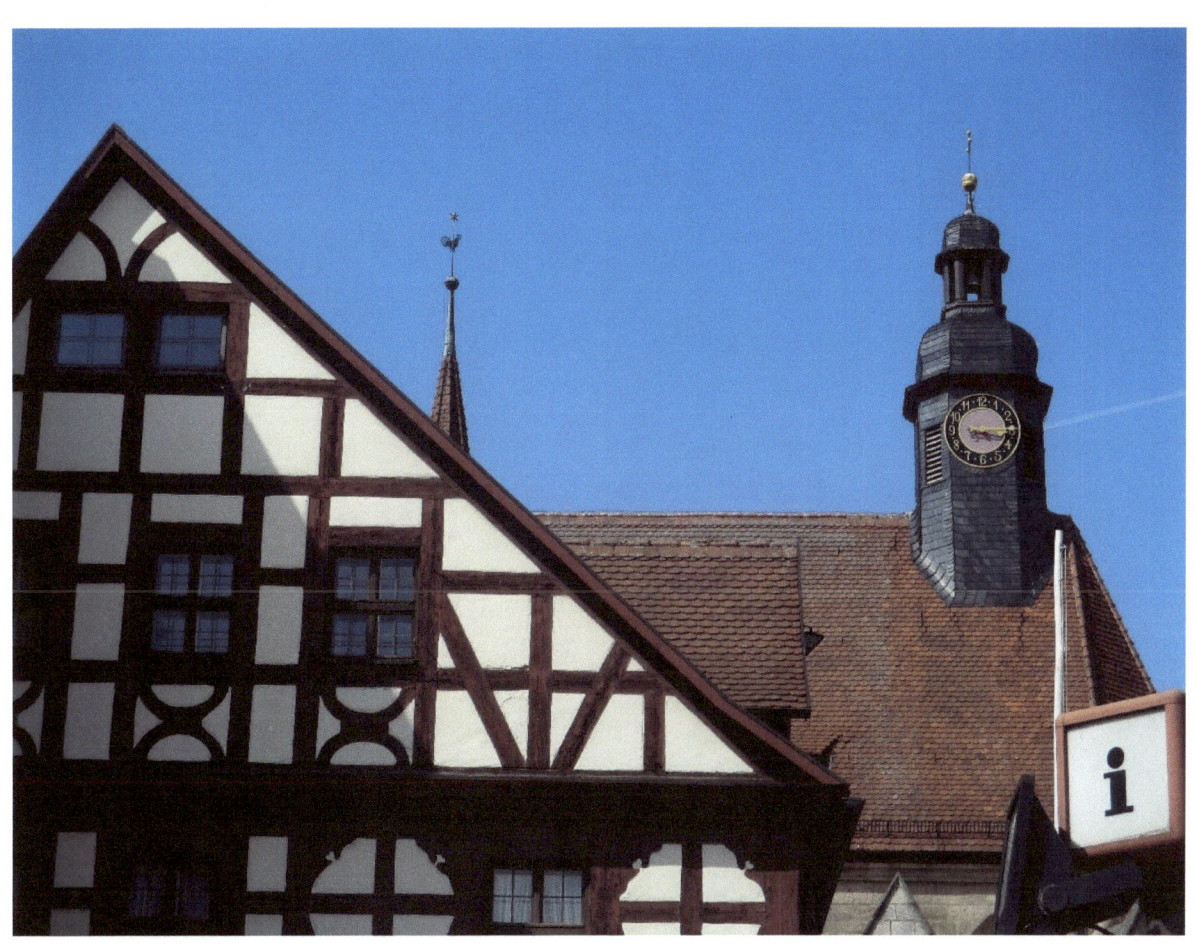
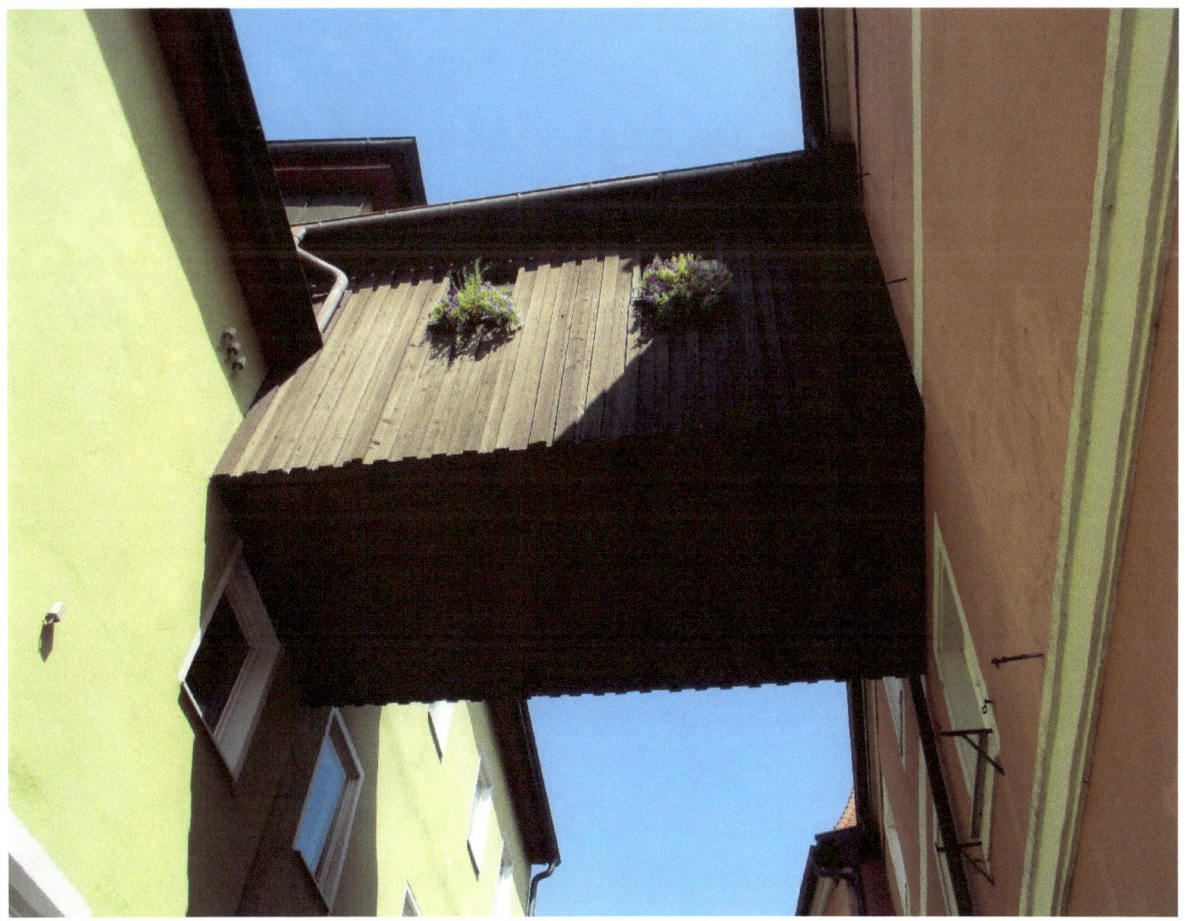

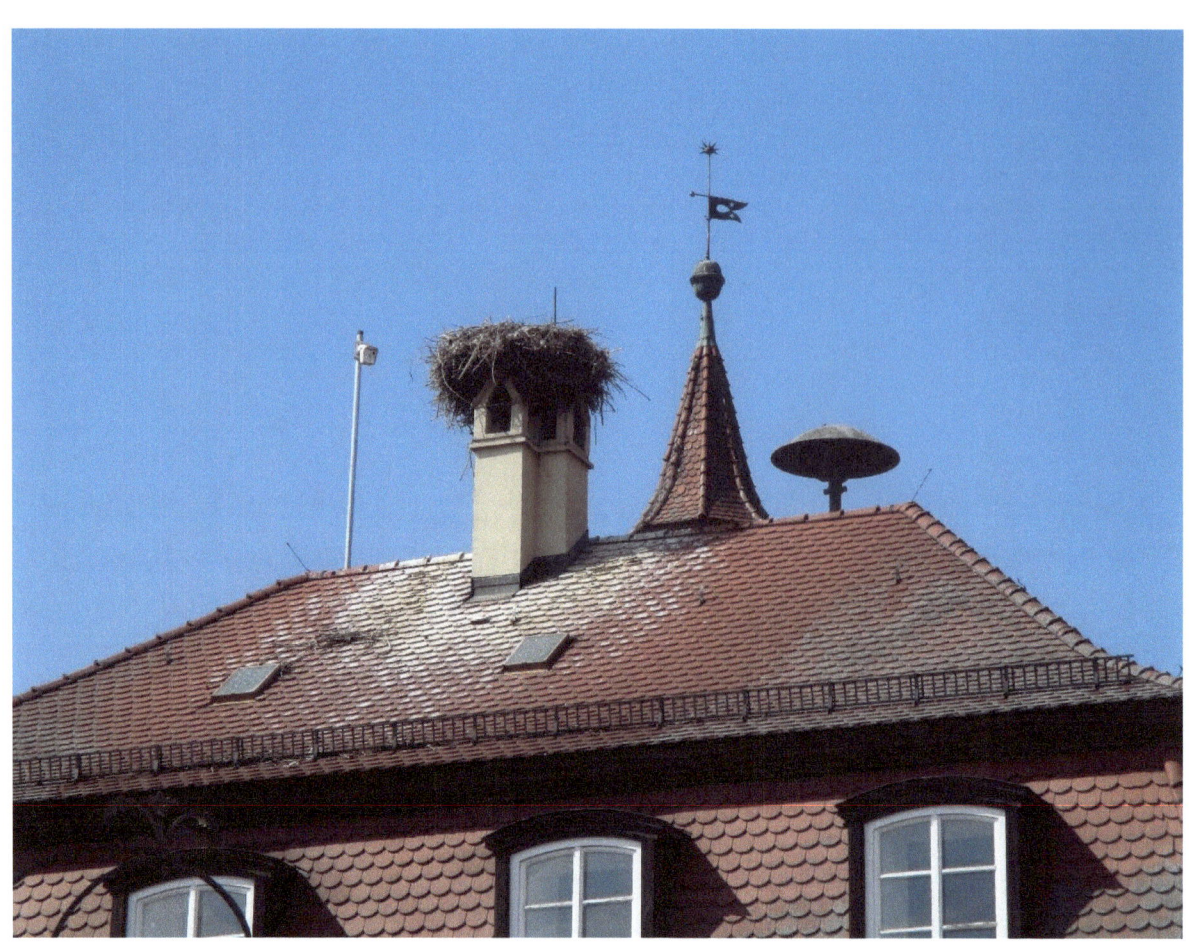
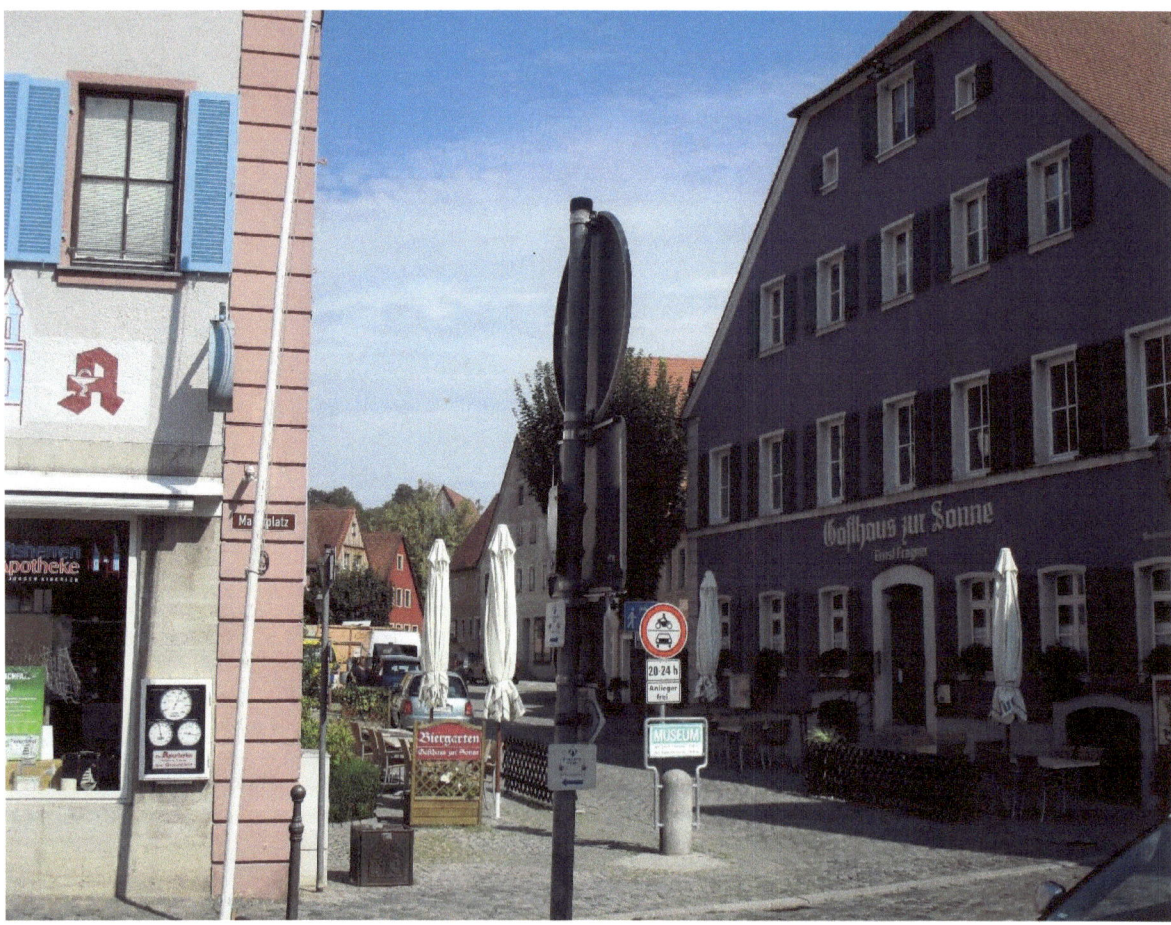

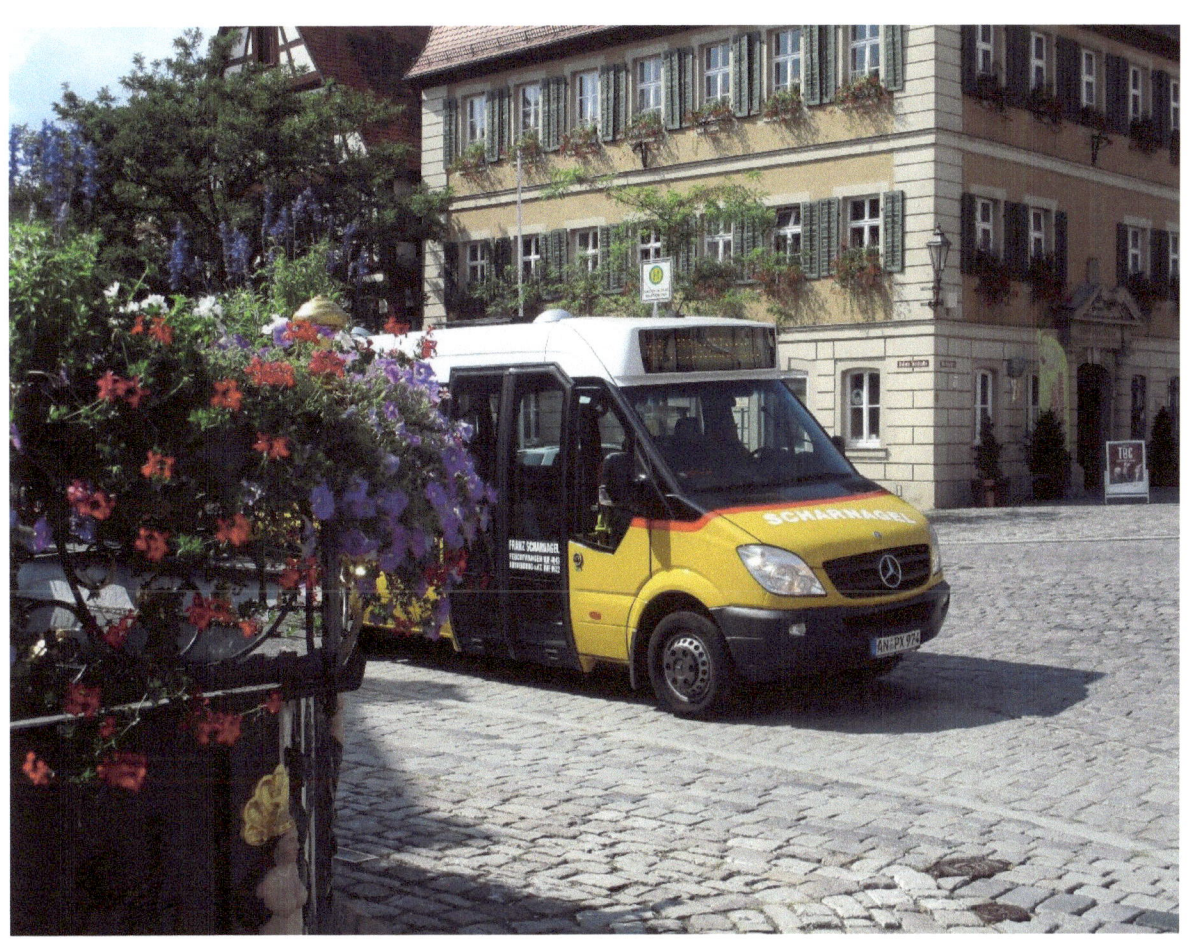
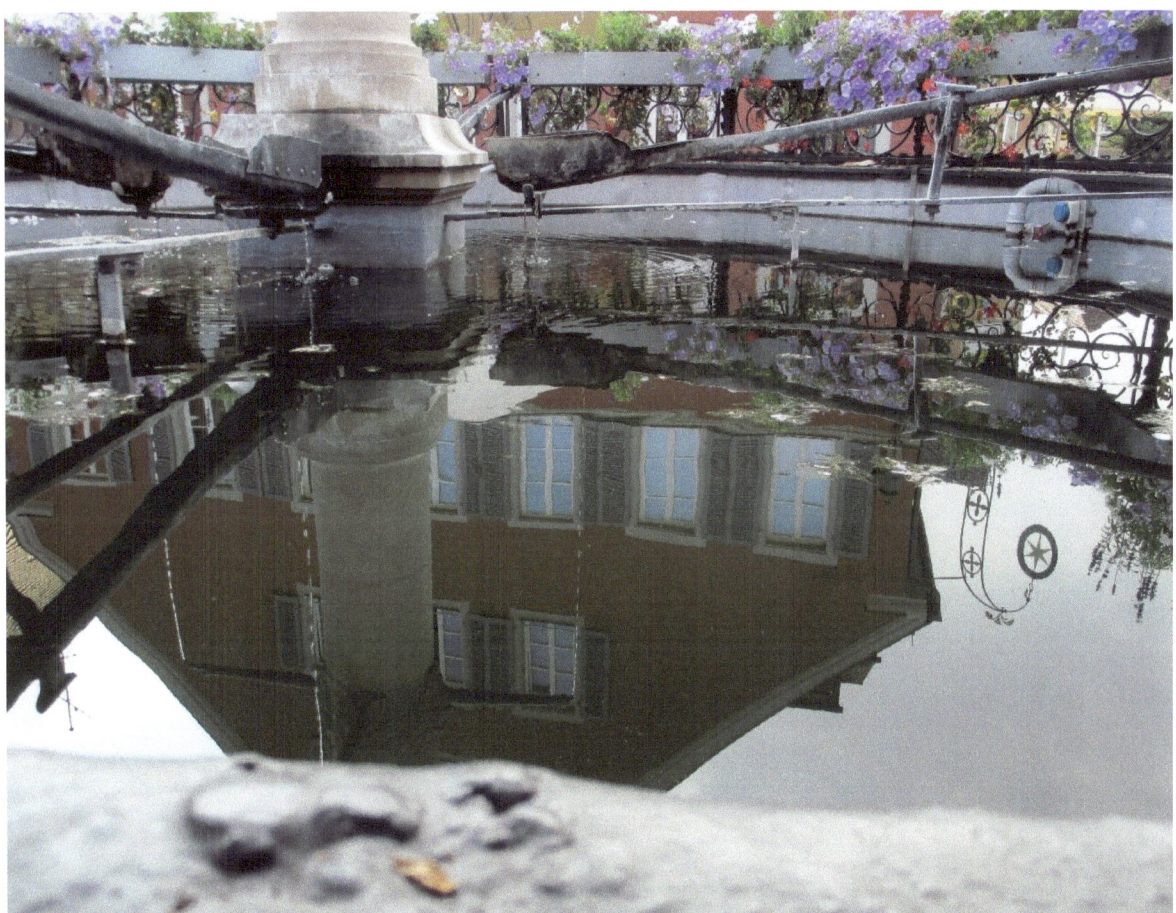

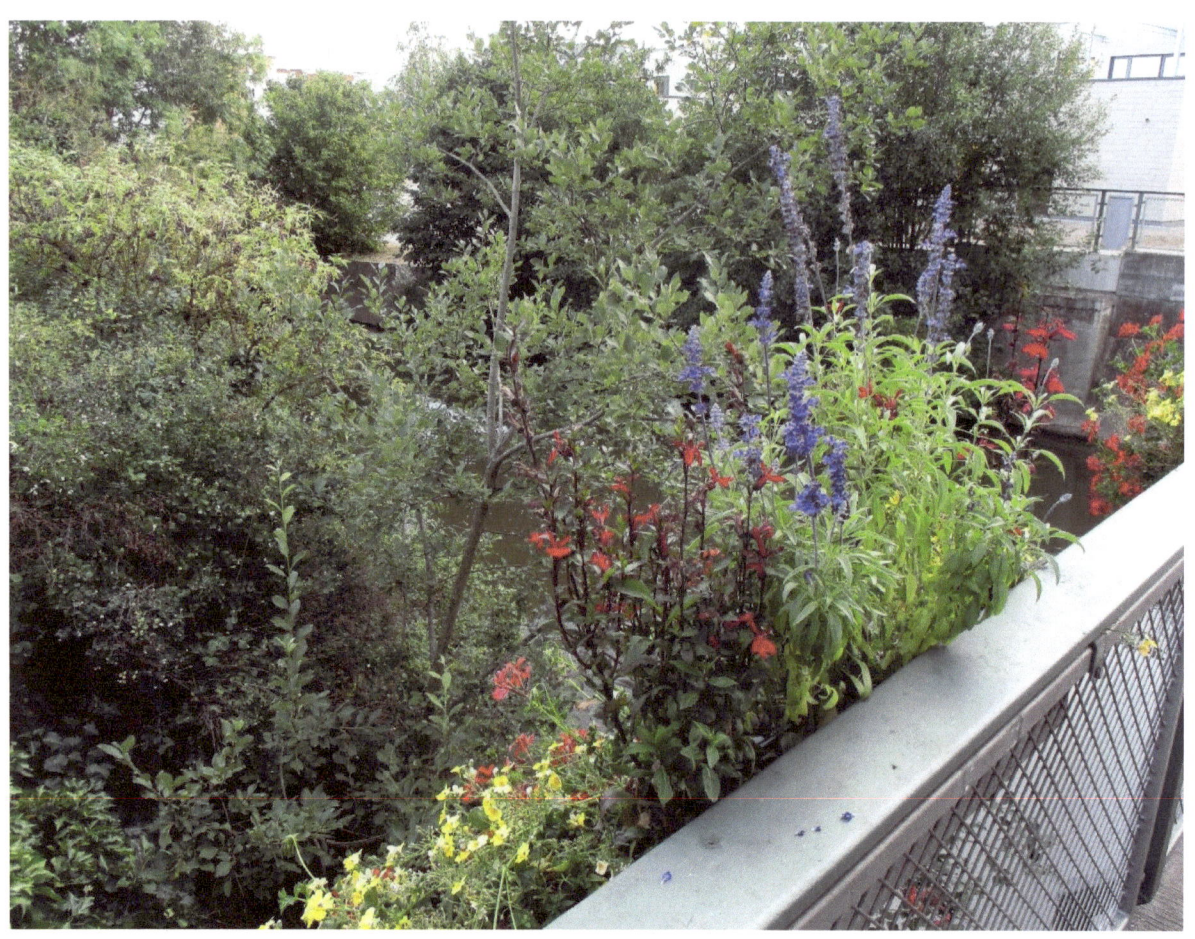
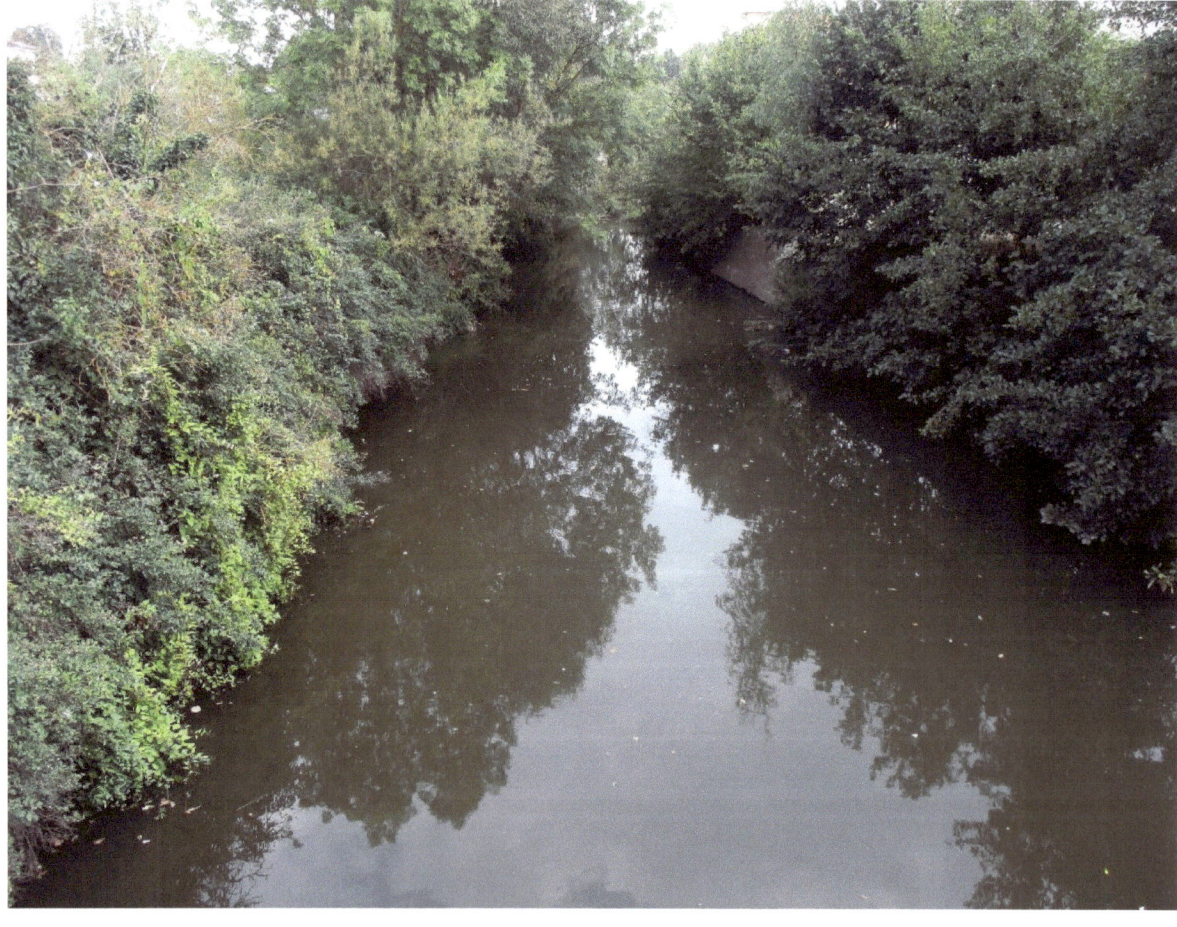

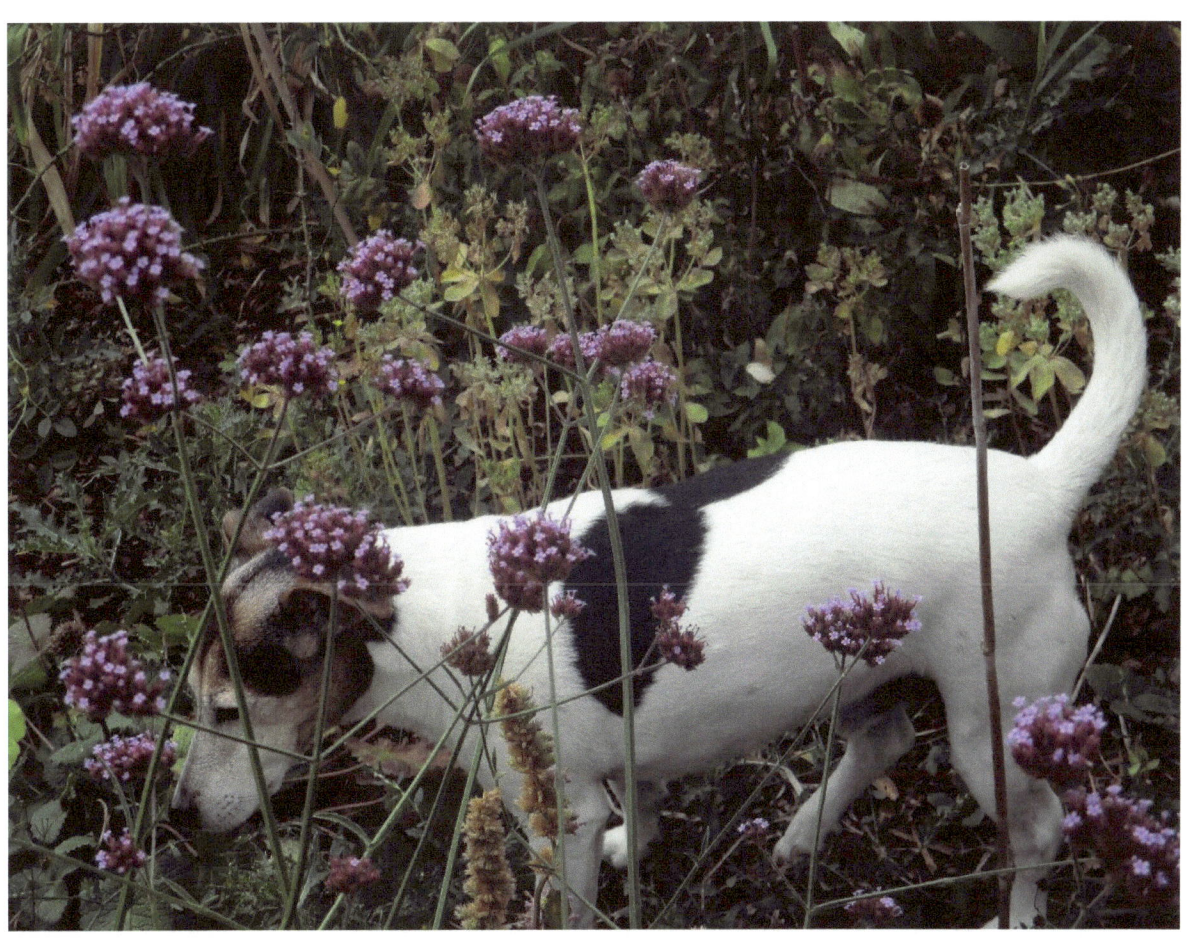
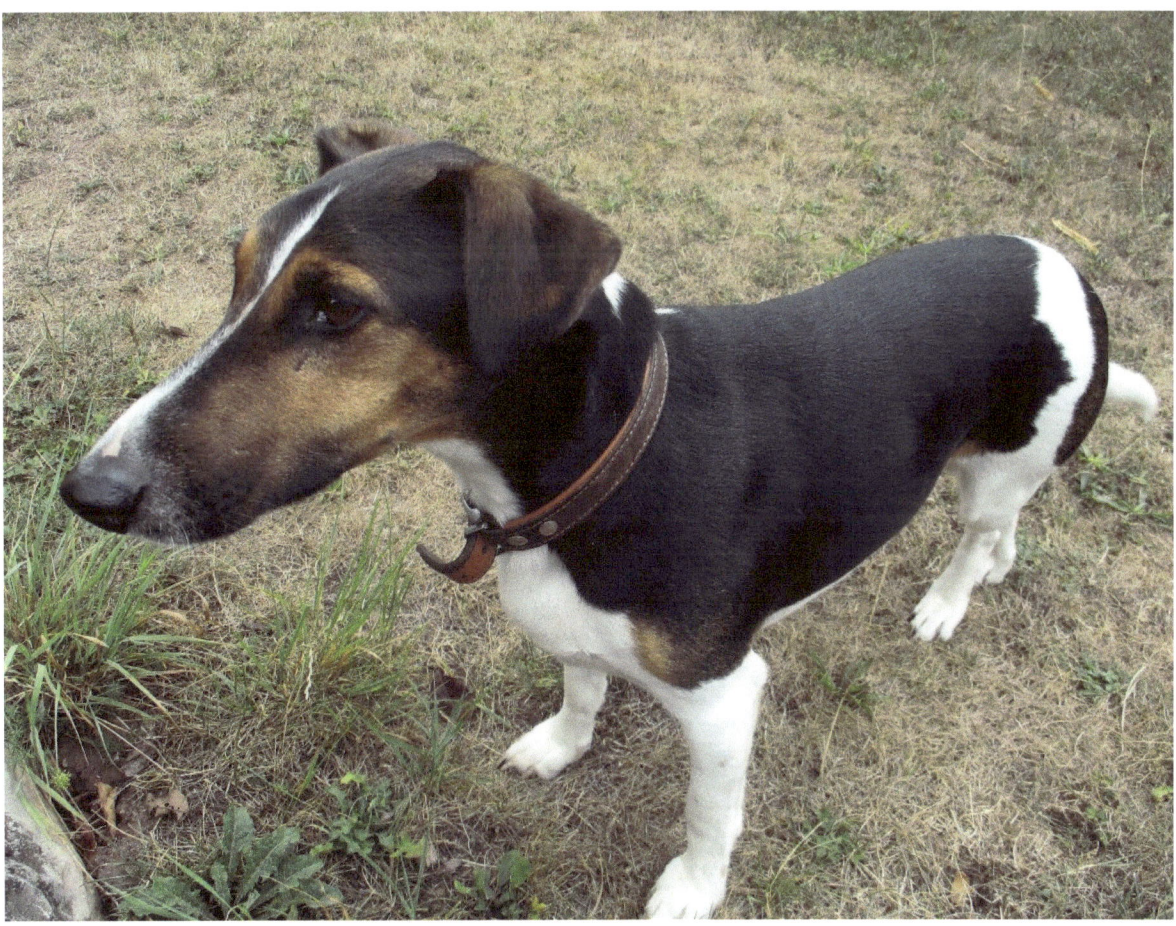

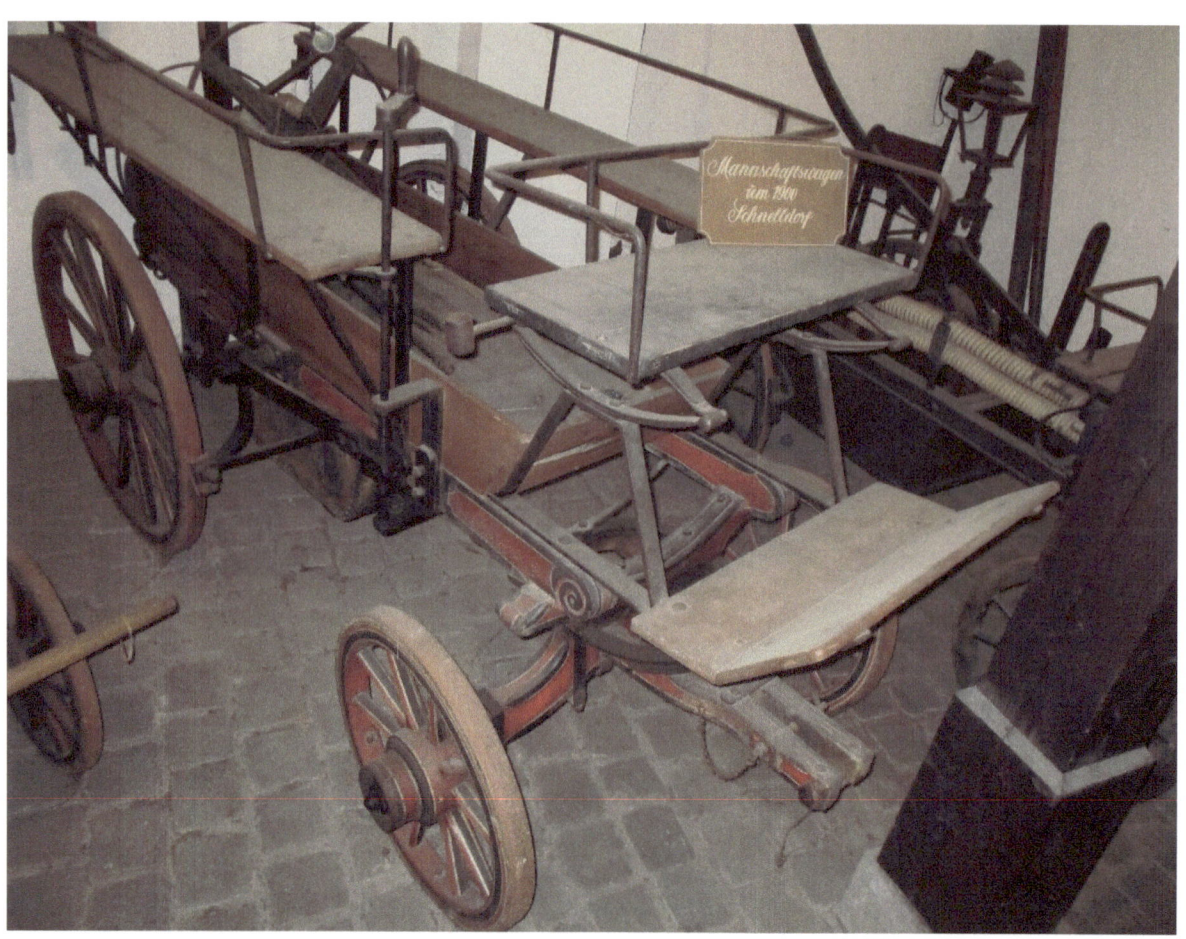

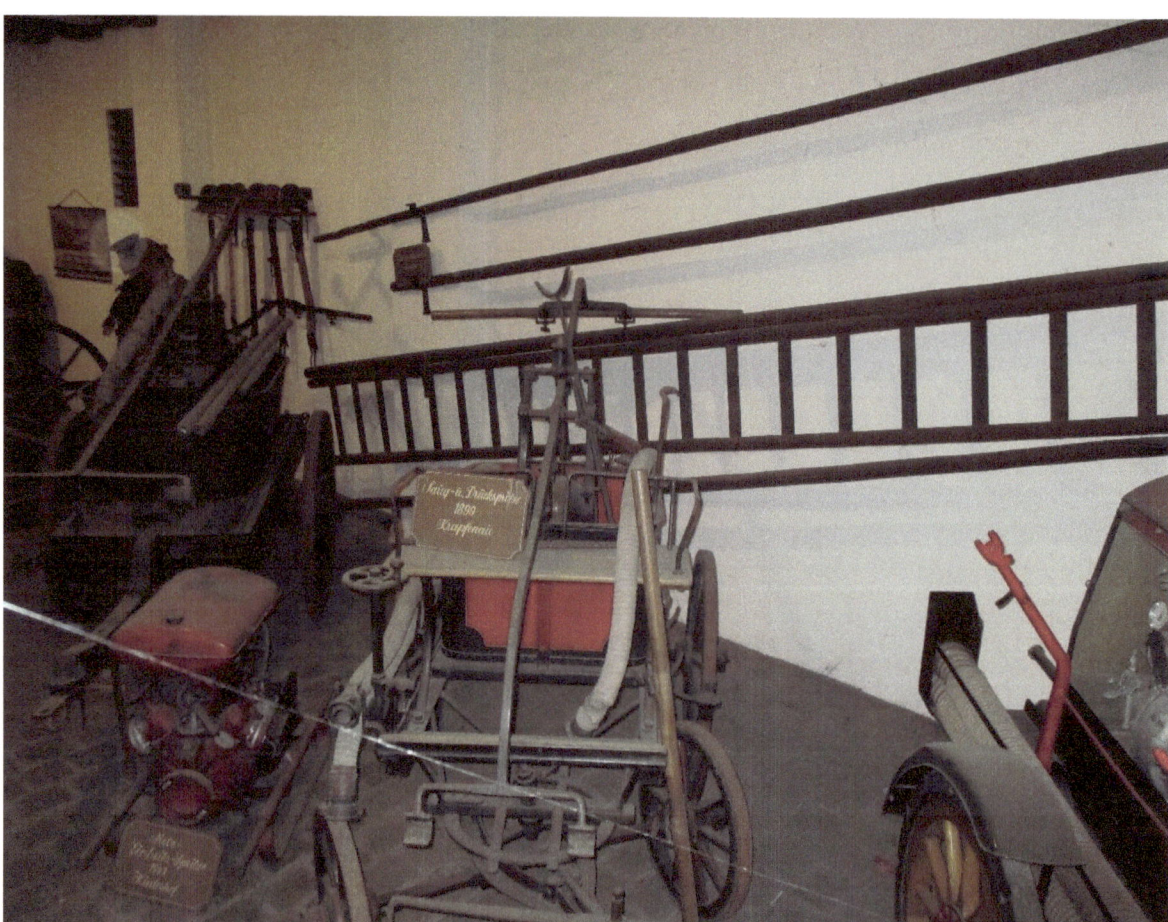

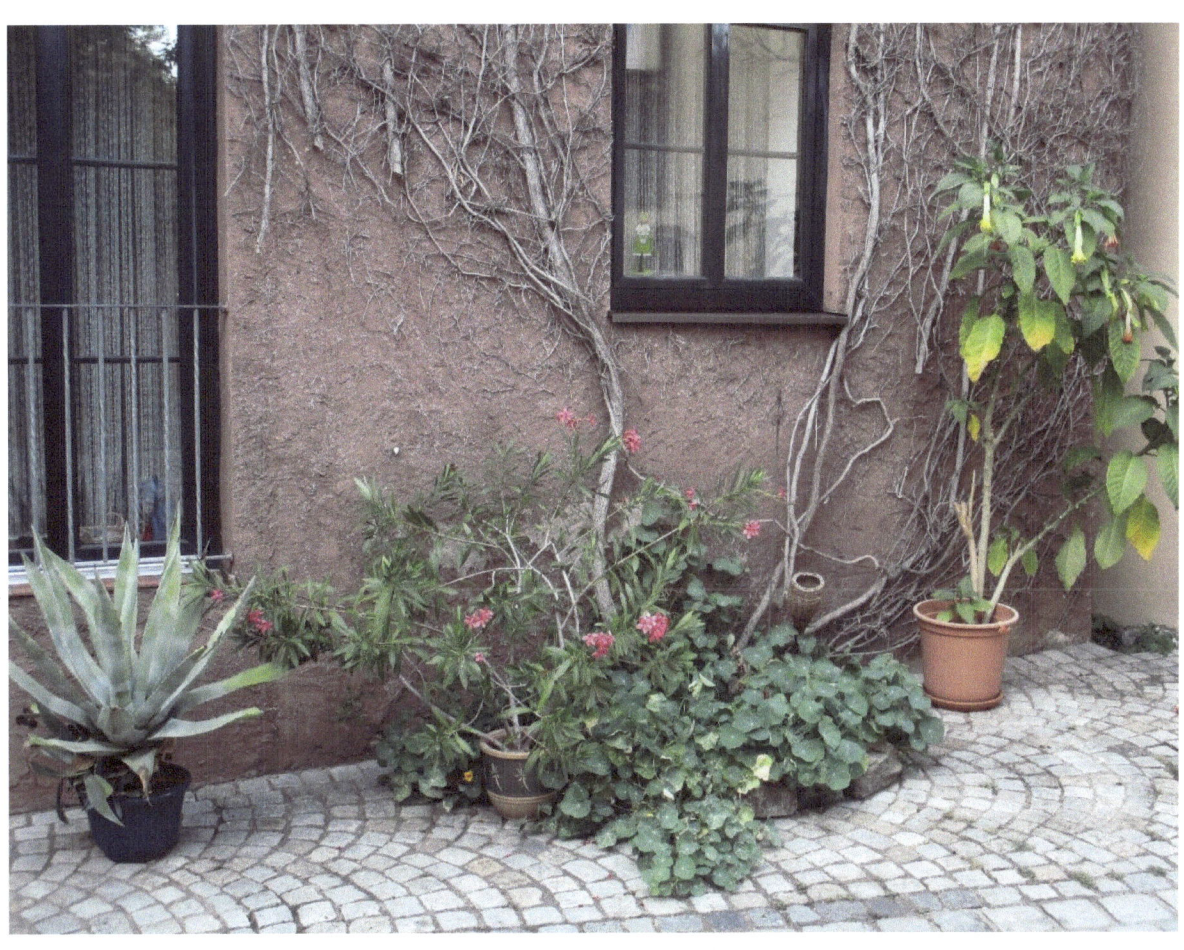
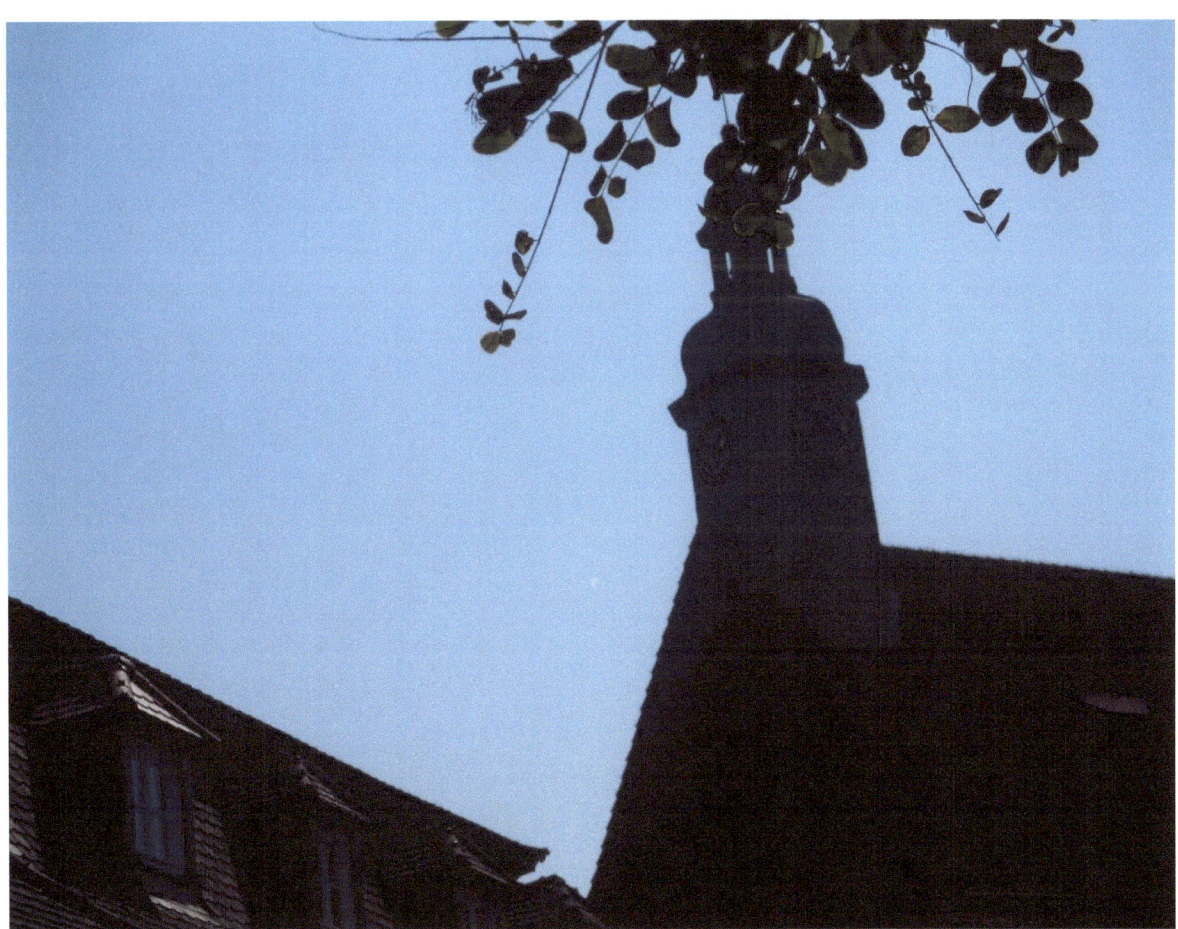

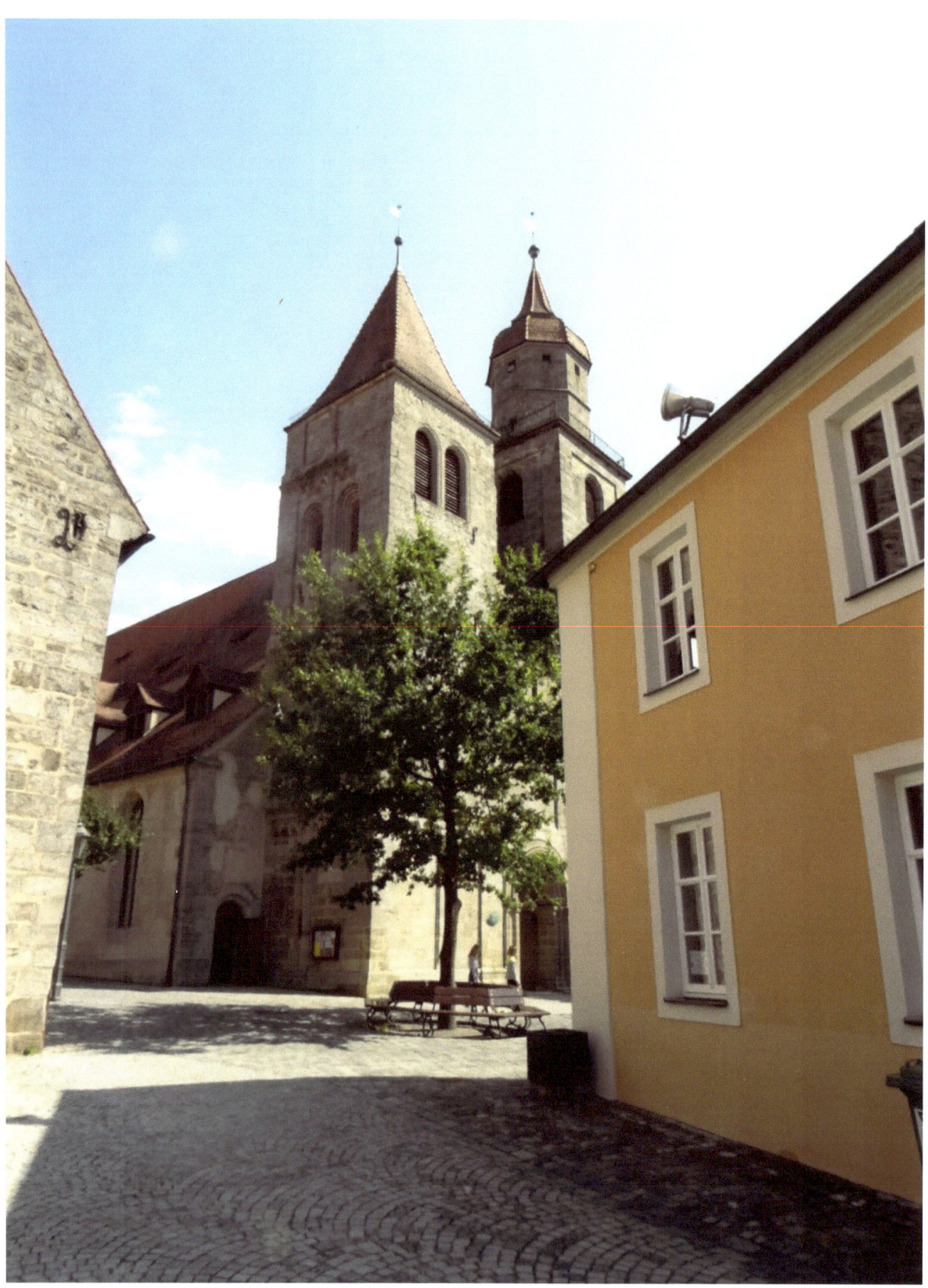

www.ingramcontent.com/pod-product-compliance
Lightning Source LLC
Chambersburg PA
CBHW040454220526
45473CB00004B/1638